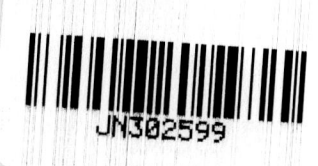

具体的な対応がわかる

気になる子の偏食

発達障害児の食事指導の工夫と配慮

徳田克己 監修　西村実穂・水野智美 編著

チャイルド本社

はじめに

気になる子どものなかには極端な偏食がある子どもが多くいます。これまで私が知り合った子どものなかには、枝豆しか食べない子ども、細長い物しか食べない子ども、かむと音が出る物は食べない子どもなど、極端な偏食傾向を示す子どもがいました。

幼児期にはどんな工夫をしても効果がないと、お手上げ状態になるケースがしばしば見られますが、諦めてはいけません。そこで放ってしまうと小学生や中学生になっても３～４品しか食べられないという状態が続きますが、幼児期から少しずつ食を広げていった子どもは、小学生になって多くの物を食べられるようになります。しかし、口を無理に開けられて食べ物を詰め込まれる対応をされた子どものなかには、食事恐怖症のような状態になり、ずっと極端な偏食が続く場合があります。確かに、100 例に 1 例ぐらいはショック療法で改善することはありますが、残りの 99 例では子どもが苦しむ結果になっています。幼児期に少しずつでも前進すれば、いや、まったく効果がないように見えたとしても、幼児期における保育者や保護者の対応は、後のその子どもの「食の広がり」につながるのです。

この少しずつという方法（＝スモールステップといいます）にはコツがあります。そのコツを具体的に書いた本書を多くの保育者や保護者に読んでいただき、気になる子どもたちが将来にわたって食事を楽しめるようになることを望んでいます。

平成 26 年 6 月

監修者　徳田克己

具体的な対応がわかる
気になる子の偏食
―― 発達障害児の食事指導の工夫と配慮 ――

第2章

偏食への対応の具体的方法

第3章 Q&A集

こんなときどうしたら…

第1章

気になる子は なぜ偏食なのか

気になる子どもに見られる偏食の特徴と指導の大原則

1. 発達障害の傾向のある子どもの極度の偏食

「極度の偏食」とは、限られた少数の食材だけを食べる、食品のメーカーが異なると食べられない、どんなに調理方法を工夫しても口にしない、などのように、保護者や保育者が相当な苦労をして食べさせようとしても、一向に改善する気配さえ見られないという状態です。「うちの子は野菜のなかでもピーマンだけは苦手だ」とか「しょうゆ味よりもみそ味のほうが好き」という状態とは異なります。つまり、少しは食べる状態なのではなく、がんとして一口も食べない状態です。

極度の偏食が見られる子どもの代表は、発達障害の傾向のある子どもです。もちろん、発達障害の傾向のある子どもが全て、極度の偏食があるわけではありません。この本では、極端な偏食の状態にある自閉傾向のある子どもの導き方について、説明します。

発達障害の傾向のある子どもの偏食には、健常児の偏食とは違った特徴があります。それは、非常に激しい偏食であることです。発達障害の傾向のある子どものなかには、保護者が作ったものにまったく箸をつけない子どもが多くいます。保護者がいくらしかっても、無理やり子どもの口の中に食べ物を入れても、一向に食べようとしません。それどころか、食事の場面を怖がり、逃げ出したり、体をずっと震わせていたりすることさえあります。一方で、こだわりがあるために、特定の食べ物やお菓子だけを食べます。

家庭のなかでこのような状態が続くと、保護者はとても困惑して、幼稚園や保育園でなんとか対応してほしい、少しでも食べることができるようにしてほしいという気持ちになるものです。

2. 偏食の原因を推測し、それに合った対応を

極度の偏食のある子どもに対して、食べ物を無理に口に入れて食べさせせようとすることは、無駄であるばかりでなく、子どもに食に対する恐怖心をもたせたり、食に対する興味を失わせたりすることになります。これを発達障害の二次障害といいます。

子どもの偏食をなんとか改善しようと思う保護者や保育者は、よい方法がないものかと考え、情報を探します。ここで注意をしておかなくてはならないのは、本やインターネットで紹介されているのは、偏食の改善がたまたまうまくいったケースが多いということです。もちろん、試してみるべき方法の１つにはなりますが、よその子どもに偶然うまくいった方法をわが子に試しても、うまくいくことはあまりありません。それは、発達障害の傾向のある子どもの偏食の原因が、実にさまざまだからです。子どもの性格や苦手な食べ物の種類、普段の育児や保育の方法などは、子どもによって大きく異なるので、ある成功事例をそのままほかの子どもに当てはめてもうまくいかないのです。

その結果として、子どもはさらに強く拒否するようになったというケースを、たくさん見てきました。

大切なのは、子どもの偏食の原因を考え、それに合った対応をすることです。やみくもにさまざまな方法を試すことは逆効果です。偏食の原因を推測し、それに合った対応を、ゆったりとしたペース（スモールステップといいます）で行い、子どもに少しでも改善の兆しが見えたらおおげさにほめます。それを繰り返すことによって、本当に少しずつですが、偏食が改善していきます。偏食があった子どもが、ある時を境に急になおりましたというのは、ありえないことなのです。

次に、対応をしていくうえでの大原則を５つ挙げておきます。

偏食への対応の5つの原則

❶食べない原因を考える

子どもによって食べない原因は異なります。食べない原因を考えなくては対応がうまくいきません。何が原因で食べようとしないのか、まずはそこを考えてみてください。

❸強制しない

食べることを強制しても、偏食の改善によい効果はまったくありません。強制すると、食事恐怖に陥ったり、食事そのものに対する興味を失ったりしてしまいます。

❹変化を少なくする

自閉症傾向のある子どもへの対応では、「いつも同じ」が大事です。食べ物の量が変わることはあっても、ランチョンマット、スプーン、フォーク、箸、コップ、いすなどは、いつも同じ物を使うようにします。座る位置、「いただきます」や「ごちそうさま」のフレーズも、同じようにします。それによって「いつもと同じ」と感じることができ、安心して食事をする気持ちになれます。

❷スモールステップで取り組む

偏食の改善には時間がかかります。苦手な食べ物を口にできるようになるまで、年単位の時間が必要になることがあります。米を食べられない場合、4分の1の大きさの米粒を食べるように勧め、それが食べられたら次の週は2分の1の大きさの米粒を食べるという小さなステップを積み重ねていきます。

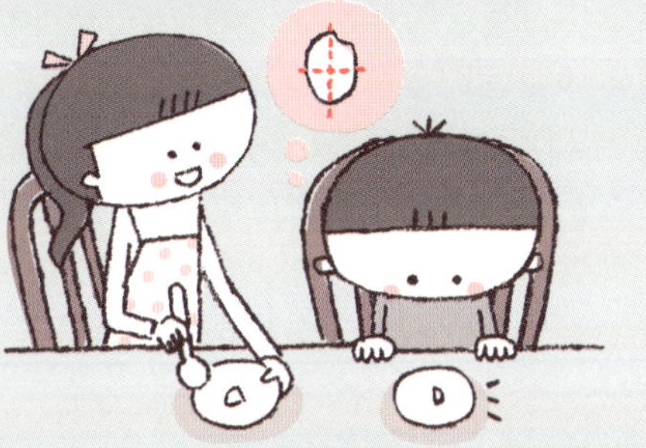

❺少しでもできたらほめる

偏食の改善に失敗しているケースのほとんどは、ほめていないことが原因です。食事の場に座る、食器を持つなどのことができたら、ほめるのです。少しでも食べようとする行動ができたら、おおげさにほめてください。これを繰り返すことによって、「食べたらほめてもらえる」「もっと食べよう」と食べる量や回数が増えていきます。

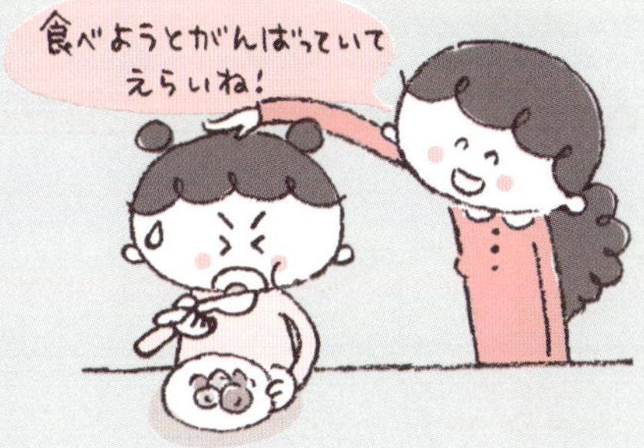

3. 幼児期に偏食指導を行う重要性

幼児期に偏食指導に取り組んでも、効果はすぐには出ません。しかし、その時期に効果がなくても、食事の工夫や指導に取り組み続けることで、その子の生涯にわたっての食の広がりにつながっていきます。

逆に、家庭でも幼稚園、保育園でも「この子は決まったものしか食べないから、工夫しても効果はない」と食事指導を諦めてしまい、子どもがそのときに食べられる物だけを与え続けていては、偏食はいつまでたっても改善しません。

幼児期の食事の工夫や指導は、即効性はないかもしれませんが、偏食の改善には欠かすことができません。幼児期から取り組めば、必ず小学校以降に食べられる物が増える時期がきます。おいしい物を食べることは人生の楽しみにつながります。つまり、幼児期の偏食の改善の努力が、その子どもの人生をも左右するといっても過言ではないのです。

気になる子どもの偏食の原因と対応

1. 感覚に異常がある

発達障害の傾向のある子どものなかには、感覚異常がある子どもが多くいます。感覚には、触覚、味覚、聴覚、嗅覚、視覚がありますが、このどれか（１つの場合もありますが、複数が組み合わさる場合もあります）が敏感すぎたり、鈍感すぎたりするのです。

食事に関していうと、味覚に異常がある場合には、ゆでた野菜を甘すぎると感じたり、野菜の苦みや渋みを強く感じたりすることがあります。触覚に異常がある場合には、ゆでた野菜が固くて痛いと感じたり、冷たい食べ物が歯に当たると痛いと感じたりします。食べ物ではなく、使用している食器が口に当たる感触を嫌がる子どももいます。

保育者が「これくらいはたいしたことはない」と思っても、感覚異常のある子どもにとっては、非常に不快に感じることがあります。子どもが不快に感じている物を保育者が無理に食べさせることは、子どもにとっては耐えられない苦痛を与えられていることなのです。感覚異常によって子どもが食べ物を口にできない場合には、調理方法や盛りつけ方を工夫したり、食器を変えたりして、子どもが不快に感じる原因を取り除くようにしてください。

また、不快な感覚であっても、少しずつ慣れていくことはできます。例えば、子どもが苦手な食感の食べ物であれば、最初は２mm 角くらいのかけらをスプーンに乗せて口元まで運ぶ→なめる→口に入れる→少しずつ食べ物の量を増やす、というように、スモールステップで食べる量を増やしていきます。

2. こだわりがある

発達障害の傾向のある子どものなかには、「この食べ物はこうじゃないと食べない」「自分はこれしか食べない」などの自分だけのルールを決めて、それに固執する子どもがいます。これを「こだわり」といいます。

なぜ、こだわりをもつのかというと、発達障害の傾向のある子どもは、想像力があまり育っていないことが関係しています。これまでに食べたことがない物は、どのような味がするのかがわからず、口にすることに不安を感じます。また、「こうすると食べられた」という思いがあると、それ以外の方法を試すと、食べられないかもしれないと思ってしまいます。自分を安心させるために、自分だけのルールを決めるのです。

こだわりの例としては、「ごはんは白い物である」と思い込んでいるケースがあります。このような子どもは、白飯にふりかけがかかっていたり、混ぜごはんや赤飯だったりすると、「自分が食べられる物ではない」と考えて、口にしようとしません。

まずは、子どもの不安を受けとめたうえで、こだわりやルールを認めてください。しかし、周りの子どもに影響があるなど、どうしても許容できないこだわりの場合には、スモールステップで、子どもに不安を与えないように、少しずつ変えていきます。

また、調理方法や見た目にこだわりがある場合には、調理方法や見た目を変えます。例えば、ふりかけをかけると食べられないならば、かけないようにするのです。

ただし、日によって、あるいは保育者によって、こだわりを許されたり、許されなかったりすると、子どもはルールがわからず、混乱してしまいます。対応は、常に、またどの保育者であっても一定であるようにしてください。

3. 家庭と異なる環境に不安がある

発達障害の傾向のある子どものなかには、自分が食べたことがない物を食べることにひどく不安を感じる子どもがいます。同じメニューであっても、家庭と園で、色や形、中に入っている具材が異なると、子どもは同じ物であると思えず、口にしません。

園で出されたメニューが自分の知っている物であると思えずに、食べられない子どもの場合には、中に入っている具材で、子どもがよく知っている物を取り出して、「いつも食べているじゃがいもだよ」などと説明しながら、不安を取り除くようにしてください。

それでも食べられない場合には、家庭に協力を求め、家庭で同じような具材を使って、同じような色や形になるように調理することを依頼してください。保護者には、給食の写真を見せて、具体的に説明します。

また、感覚異常のある子どもの場合には、食事のときに生じる音やいろいろなにおいが混ざることが苦手であったりするため、食事をすること自体を嫌だと感じてしまうことがあります。

感覚異常がある場合には、できるだけ不快な感覚を取り除くようにしてください。ざわざわと話す声やくちゃくちゃと物を食べる音がするなかで食事をすることが苦手な子どもの場合は、ほかの子どもと机を離して食べるようにしたり、職員室などの静かな部屋で食べるようにしたりします。においが混ざることを嫌がる子どもには、食缶を開ける前に、部屋の窓やドアを開けて、においがこもらないようにします。

4. 食事に関する嫌な経験をした

食事に関して、過去に嫌な経験をしたために、食べられなくなっているケースがあります。特に、発達障害の傾向のある人は、経験した嫌なできごとを、ふとした拍子に鮮明に思い出すという特徴があります。食事の場面になると、過去に経験した嫌な思い出がよみがえってきてしまうために、食べたくなくなるのです。

例えば、保育者に白飯を無理やり食べさせられた次の日から、その後数年にわたって白飯を食べられなくなってしまったケースがあります。「給食を残さず食べないといけない」と言われて給食を口に入れたまま、飲み込まずに帰宅する、ということが続き、虫歯になってしまった人もいます。給食を残したために、先生に怒られるという経験をしてから、給食を残してしまったらどうしようと思い、給食の時間になると体が震えるようになり、その状態が中学校になるまで続いたという人もいます。このように、食べるように無理強いすることによって、心理的にも身体的にも悪影響が生じます。

また、初めて見る物を食べるように促され、無理やり食べてみたら思っていた味と違ったり、おいしくなかったという経験をしたために、その後、食べようとしない子どもがいます。その場合、保育者や保護者は、「ちょっとだけ食べてごらん」と言って勧めることがありますが、子どもに勧める量がその子どもにとっては多すぎることが多くあります。こういった失敗経験をしないために、初めての食べ物に挑戦するときは、ごくわずかな量から食べるようにします。

5. 食への意欲がない

もともと食への意欲がない子どもがいます。食べ物に関心がなかったり、食べることが「面倒くさい」「疲れる」という子どもがいるのです。

ただ、食べたくないからといって何も食べないと、活動に必要なエネルギーが不足してしまい、活動するための元気が出なくなったり、疲れやすい状態になったりしてしまいます。それを避けるためには、食事を複数回に分けて食べるようにしたり、補食（朝食、昼食、夕食だけでは不足する栄養を補うための食事）をとったりすることで、エネルギーを補うという手立てをとる必要があります。特に子どもの場合には、疲れや元気が出ないことを自分からうまく訴えることができません。保護者や保育者が、意識的にエネルギー不足になっていないかを見る必要があります。

食べ物に関する興味がない場合には、いっしょに食事を作ったり、子どもの好きなキャラクターの食器を使ったりして、食べ物や食に対する興味や関心を高めるといった工夫ができます。

ただし、さまざまな工夫をしても、どうしても少量しか食べられない子どもがいます。この場合には、健康上の問題が生じていない限りは、たくさんは食べなくても許容しましょう。健康上の問題というのは身長や体重が年齢に比べて極端に少なかったり、貧血を起こしてしまったりするといった状態です。

食べたくないのに食べることを強制され、食事の時間が苦痛な時間になってしまうことが、もっともよくないことです。それよりも、少量であっても楽しく食べることを優先してください。

6. 食べる機会がなかった

苦手な物を食べる機会がなかったために、食べられる品数が少ないケースがあります。「食べる機会がなかった」というのは、保護者が「うちの子は給食を食べないだろう」と思い込んでお弁当を毎日持たせ、給食をいっさい食べさせなかったり、家族も偏食の傾向が強くて、子どもの偏食が改善しなくてもよいと考え、家庭では初めから子どもが食べる物しか出さないという場合です。

「一生懸命作ったって、どうせ食べない」「偏食があっても、困ることはない」などと保護者が考え、子どもが食べられる物だけを与えていると、偏食を改善する機会がなくなり、大人になっても偏食が続くことになります。子どもが食べないとわかっていて、食事を作ったり配膳したりすることは、大人にとって負担かもしれません。しかし、食べるきっかけがないと、食べられるようにはなりません。幼稚園や保育園でも、家庭でも、周りの子どもと同じように配膳して、食べる機会を与え続けるようにします。

子どもが「食べてみよう」と思うきっかけがいつくるのかは、予測しづらいものです。野菜をおいしそうに食べる場面が描かれている絵本を見たあとに、苦手な野菜を食べてみようという気持ちになった子どもがいます。あるいは、年下の子どもたちといっしょに食べるから、かっこいいところを見せようとして、給食に箸をつけた子どももいます。子どもが「苦手な物を食べてみよう」という気持ちになったときに食べられるように、食べる機会を与え続けることが重要です。

7. 体の筋力が弱い

食事をするためには、席について姿勢を保持する、食器を操作する、食べ物を口に入る大きさにかみ切る、かみ切った食べ物を飲み込める状態になるまで口を閉じて咀《そ》嚼《しゃく》するといった動作が必要になります。この動作にはさまざまな筋力が必要になりますが、発達障害の傾向がある子どもたちのなかには、筋力が弱い子どもがいます。

筋力が弱いために、食事中に姿勢が崩れてしまったり、箸やスプーンをうまく使えなかったりします。また、口に入る大きさに食べ物をかみ切ることができずに、食事が嫌になってしまうことがあります。かむ力が弱く、いつまでも口の中に食べ物を入れてもぐもぐとかんでいる子どもがいます。ときには、口に入れた食べ物を飲み込むことができずに、いったん口に入れた食べ物を吐き出してしまうこともあります。その結果、軟らかい物ばかりを好んで食べたり、食べやすい大きさの物ばかりを食べたりすることになります。

こういった食事に必要な筋力は、トレーニングをすれば鍛えられるというものではありません。体全体の筋肉の発達に伴い、食事に必要な筋肉が鍛えられてくるのです。子どもの体が成長し、筋肉が鍛えられるまでは、子どもが使いやすい食器を使ったり、かみ切れる大きさや軟らかさに調理したりするというように、食べやすくするための工夫が必要になります。

コラム

スモールステップ指導の進め方

「スモールステップで苦手な食材にチャレンジさせようとしていますが、あまり効果がありません」という保育者が多くいます。その保育者が子どもに食べるように促している様子を見ると、保育者の期待がこもって、子どもの苦手な食材がスプーンに山盛りになっていることがあります。これでは決してスモールステップになっていないのです。子どもが「そんなことはとてもできない」と感じるほど、大きなステップになってしまっているのです。

牛乳が苦手な子どもを例に出して、スモールステップとは、どの程度のことを指すのかを説明します。

まずは牛乳がまったく入っていないコップを手に持つところから始めます。それができたら大いにほめます。次の日は、牛乳をコップに1滴だけ垂らして、そのコップを手に持つことができたら合格です。もちろん、それができたらたくさんほめます。さらに次の日は、牛乳を1滴注いだコップを唇に触れさせることができればよいことにします。次は、1滴の牛乳が入っているコップを口の元に持っていき、舌の先でなめるだけでよいことにします。それができたら、1滴の牛乳を飲むように促します。1滴の牛乳を飲めるようになったら、牛乳を2滴に増やします。それを飲めるようになったら3滴に、それが飲めるようになったら4滴にする……という具合に、1滴ずつ量を増やしていきます。

ただし、スプーン1杯程度の牛乳が飲めるようになったからといって、すぐにほかの子どもたちと同じ量を飲ませようとしてはいけません。気になる子どもにとっては、牛乳の量が増えたことを感じさせない程度のステップにすることが重要なのです。

偏食の原因と対応 早見表

偏食の原因と事例

偏食

食べ物に原因がある

- **味や食感が混ざることが苦手**
  - **食べ物が混ざっているのが嫌**
    【カレーライス／ハンバーガー／スープ など】
  - **食材が混ざっているのが嫌**
    【野菜炒め／フルーツヨーグルト など】
- **食感、におい、音が苦手**
  【パサパサした焼き魚／煮物のにおい／葉物をかむ音 など】
- **熱すぎ、冷たすぎが苦手**
  【冷えたごはん／冷凍みかん／アイスクリーム など】
- **形、大きさ、色にこだわりがある**
  【大きく切ったにんじん／三角おにぎり／丸いゆで卵／黄色い食べ物を好む など】
- **食べ物に強い思い込みがある**
  【キャラクター弁当／溶けかけのソフトクリーム／特定のメーカー製 など】
- **初めての食べ物が苦手**
  【今まで食べたことのない食べ物】

食べ物以外に原因がある

- **食事の環境に苦手なことがある**
  - **食器が気に入らない**
    【金属製のスプーン／食器に付いたにおい／園の食器 など】
  - **食事の場が嫌**
    【調理場からのにおい／騒がしい場所 など】
- **手や口が汚れるのが嫌だ**
  【口の周りに食べ物が付く／すいか／三角おにぎり など】
- **自分なりのルールがある**
  【決まった順でしか食べない／一番に食べ始めないと気がすまない など】
- **嫌な経験のせいで拒否反応を見せる**
  【過去、嫌な思いをした食べ物 など】
- **もともと食への意欲がない**
  【食事に時間がかかり飽きてしまう／なかなかテーブルにつかない など】
- **今まで食べる機会がなかった**
  【家庭では好きな物だけの別メニューだった／偏食を問題視しない家庭環境 など】
- **筋力が弱い**
  【食事中に姿勢が崩れる／なかなかかみ切れない など】

対　応（代表的なもの）	本書参照ページ
別々に盛り付ける	24p
少量を混ぜてみる	28p
調理方法を変えてみる	32p
不快に感じない温度に調整する	38p
調理方法を変えてみる	42p
見た目を変えてみる	46p
食べられる物にたとえて説明する	52p
別の食器を使ってみる	56p
刺激のない所へ移動する	60p
布巾を用意する	64p
できるだけ許容する	68p
無理をせず、少量ずつ勧める	72p
食事が楽しくなる工夫をする	76p
食べられなくても配膳する	80p
姿勢補助の工夫をする	84p

偏食への対応を考える場合、食べない原因を考えることが重要です。本書の第2章以降では、偏食の原因別に対応方法を紹介しています。

偏食の原因を探しやすいように、偏食の原因とその対応法を「早見表」にまとめました。子どもによって異なる偏食への原因を探るときの参考にしてください。

コラム

偏食はいつかなおるのでしょうか？

子どもの偏食がいつまで続くのかと心配する保護者や保育者は多いでしょう。発達障害の傾向のある子どもには、偏食がひどい時期があります。それがちょうど幼稚園や保育園にいる就学前の時期に当たります。

偏食のある自閉症の子どもの保護者を対象にした調査の結果を見ると、多くのケースで、小学校高学年ごろまでに偏食が改善していました。

小学校の高学年ごろになると、子どもは学校の生活や環境に慣れて、落ち着いて過ごせるようになります。また、嫌なことがあっても、気持ちを切り替えて次の活動に取り組んだり、失敗したときの対処方法を身につけたりと、子ども自身が気持ちをコントロールできるようになります。そうすると、苦手な食べ物や初めて食べる物であっても、「食べてみよう」と挑戦する気持ちになります。また、食べてみてその食べ物が口に合わなくても、パニックを起こさず自分なりの方法で対処することができるのです。

偏食を改善するためには、保護者や保育者が食べる機会を与え続けることが重要です。「この子は偏食だから」と食事指導を諦め、子どもが食べられる物だけを食べさせていては、いつまでたっても偏食は改善しません。食べなくてもクラスの子どもと同じ給食を配膳したり、家庭でも家族と同じ食事を出し続けたりすることで、少しずつ食べられる物が増えていきます。

第2章

偏食への対応の具体的方法

感覚異常が原因

味や食感が混ざることが苦手

食べ物には、さまざまな味や食感があります。発達障害の傾向のある子どものなかには、感覚が過敏であるため、複数の味や食感が口の中で混ざることを不快に感じる子どもがいます。白いごはんなら食べられるけれども、カレーがかかっていると食べられなくなるというように、単体の食材であれば食べられるにもかかわらず、味や食感が混ざると不快に感じてしまうのです。

このような場合には、食べ物どうしが混ざらない状態にすると、食べられることがあります。

事例1 カレーライスを食べられない

Aくんは白いごはんが好きで、毎日の給食でもごはんだけは残さずに食べています。しかし、カレーがかかっていると食べられません。カレーとごはんが混ざったところを残して、ごはんだけを食べようとします。

対応 カレーとごはんを別々に盛り付ける

カレーがごはんにかかっていると食べられないけれども、ごはんとカレーが分かれていれば食べられるケースがあります。カレーをかけることでごはんが軟らかくなってしまうことが嫌だというように、食べ物の食感や味が混ざり合うことをひどく不快に感じてしまうのです。

この場合には、カレーとごはんを別々に盛り付けてください。ごはんとカレーが混ざらないように盛り付けることで、それぞれの食材を食べられるようになる子どもがいます。

同じように、丼物の具材がごはんの上にかかっていると食べられない場合に、ごはんと具材を分けて配膳すると食べられることがあります。

事例２ 間に具材が挟んであるとダメ

Ｂちゃんは、ハンバーガーを食べるとき、いつもパンとハンバーグをバラバラにして食べようとします。いっしょに食べるとおいしいことを伝えているのですが……。

対応 周りが困らないなら許容しよう

さまざまな食感や味が混ざった食べ物を、１つずつの食材にバラバラにして食べたがる子どもがいます。一般的には味や食感が混ざるとおいしいと感じられていますが、このように食べる子どもたちは、食べ物の味や食感が混ざることを嫌だと感じてしまうのです。

また、ハンバーガーやサンドイッチの場合には、一口で食べられず、口の周りにソースが付くことを不快に感じて、バラバラにする子どもがいます。

ハンバーガー以外にも、サンドイッチやどら焼きなど、間に具材が挟んである食べ物はすべてバラバラにして食べる、という子どもがいます。このことによって周りの人が困らなければ、許容してください。

事例3 スープと食材が混ざるのがイヤ

Cくんは具の入ったスープやおみそ汁が苦手です。スープに入っている具材だけ、スープ（汁）だけであれば食べられます。

対応 スープと具材を別々に分けて配膳する

スープ（汁）だけ、スープの中に入っている具だけであれば食べられるけれども、両方が混ざった状態で出されると、手を付けようとしない場合があります。この場合に、具とスープを別々によそったり、具を別の小皿に取り分けたりすると、それぞれを別々に食べられます。

原因として、水分と食材がいっしょに口に入ってくることが苦手であることが考えられます。ラーメン、うどんなども同様に、麺だけを取り出して麺とスープを別々にすれば、食べられる子どももいます。

保育園や幼稚園の給食の場合であれば、スープから具を別のお皿に取り分けてから配膳すると、それぞれを食べられることがあります。

感覚異常が原因

食材が混ざると食べられない

食材を単品で調理した物であれば食べることができるけれども、複数の食材が混ざっている料理を食べることができない子どもがいます。さまざまな食感や味が混ざっていることを不快に感じてしまうのです。

まずは食材を別々に食べることを認め、それができるようになったら１つの食材に別の食材を少しずつ入れていくといった工夫によって、食べられるようになります。

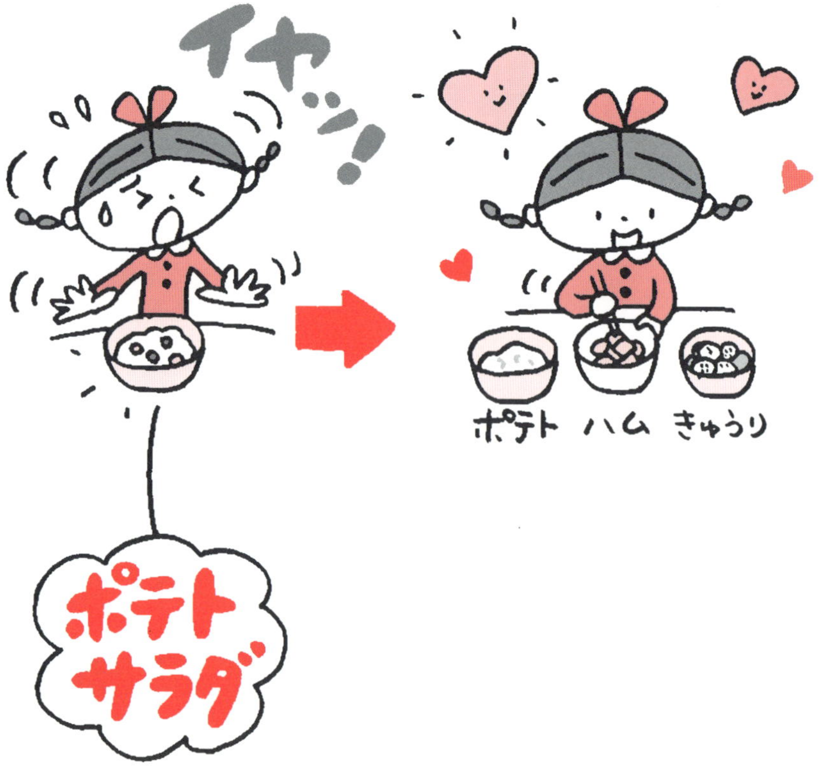

事例1 野菜炒めを食べられない

Aちゃんは、野菜炒めを食べることができません。しかし、炒めたキャベツだけ、もやしだけというように、単一の食材だけで調理してあれば、食べることができます。

対応 1つの食材に少量ずつ混ぜていく

野菜炒めのようにいくつかの種類の食材が入っている料理を食べると、口の中でさまざまな食感や味を感じます。口の中の感覚が敏感なために、さまざまな食材が混ざっていることを不快に感じる子どもがいるのです。

そのような子どもには、キャベツを炒めた中にほんの少しのもやしを入れるなど、ある食材の中に少し別の野菜を入れます。徐々に慣らしていき、ほかの野菜の量を増やします。

また、いくつかの野菜が混ざった状態でお皿に盛られているのが嫌だと感じる子どもがいます。その場合には、配膳するときに炒めたキャベツともやし、にんじんなどを別のお皿に載せるというように、食材ごとに分けて盛り付けます。

事例 2 異なる食感が混ざることが苦手

Bくんは、ヨーグルトだけ、フルーツだけであれば、問題なく食べることができます。しかし、ヨーグルトとフルーツを混ぜたフルーツヨーグルトになると、食べられなくなってしまいます。

対応 食材を分けて食べる

口の中でさまざまな食感が混ざることを不快に感じる子どもがいます。フルーツヨーグルトには、ヨーグルトやみかん、パイナップル、もも、キウィなどさまざまな食材が混ざっています。これらの食材をいっしょに食べると、異なる食感の食べ物が口の中で混ざるため、不快に感じるのです。

この場合には、別のお皿を用意して、ヨーグルトからフルーツを取り出して食材を１つずつ食べることを認めてください。異なる食感が混ざっているほうがおいしいのに、と思っていっしょに食べることを勧める保育者がいますが、保育者の価値観を押し付けることはしないようにしましょう。

コラム

保護者と連携をとろう

発達障害の傾向のある子どもは変化が苦手です。そのため、食事をする環境が変わってしまうと、発達障害の傾向のある子どもは環境の違いに大きく影響を受けるので、家庭では食べられる物を園では食べられなかったり、反対に園では食べられる物を家庭では食べなかったりすることがあります。

家庭と園で対応を統一し、変化の少ない環境にする必要があります。そのためには、まず保護者から家庭での子どもの食事の様子を尋ねます。園ではこの食材が食べられないけれども、家庭ではどのように調理をしているのか、盛り付け方や食べるときの状況はどうかを尋ね、家庭で行っている工夫によって子どもが食べられているようであれば、園でもその工夫をまねるようにします。

保育者からは、園で食べた物や、その調理方法、どんな環境で食べたのかといった情報を、保護者に伝えてください。激しい偏食の場合には、家庭と園との情報交換が欠かせませんが、食事のことだけを伝える時間がない保育者もいることでしょう。この場合には、連絡帳のようなノートを使って給食のことを伝える給食手帳を作る方法があります。

また、多くの保育園では自園で調理を行っています。保護者から得た子どもの食事の様子や情報を、栄養士や給食担当の職員に伝え、調理や盛り付け方を変えてもらうようにしましょう。

感覚異常が原因

食べ物の食感、におい、音が苦手

感覚異常が原因で、口に入れたときの食感、におい、かんだときの音などを苦手に感じて、ある特定の食べ物を口にできない子どもがいます。また、唾液の分泌が少なかったり、かむ力が弱かったりするために、水分が少なくて飲み込みにくい食べ物が苦手な子どもがいます。

このような子どもに対しては、軟らかく煮て食感を変えるなど、調理方法を工夫したり、水分といっしょに食べるように促したりして、子どもが苦手な刺激を感じないようにしてみてください。

それでも、どうしても食べられない場合には、無理に食べさせてはいけません。今は食べられなくても、何年かたてば、その感覚を嫌だと感じなくなる時期がきます。

事例1 葉っぱは食べられても茎はダメ

Aちゃんは、お吸い物や野菜サラダに、三つ葉や水菜などの葉野菜が入っていると、葉の部分は食べられますが、茎の部分は「喉に刺さるようで、痛くて嫌だ」と言って、いつも残してしまいます。

対応 小さく切ったり細かく刻んだりする

同じ野菜であっても、部位によって、食べられたり食べられなかったりする子どもがいます。味は同じでも、歯ざわりや食感などが異なるためです。Aちゃんの場合は、葉野菜の茎が喉を通るときに喉に刺さったり、引っかかったりするような感触があり、不快であったと考えられます。

この場合には、茎の長さを短く切ってください。茎が喉を通るときに飲み込みやすくなれば、喉に刺さるような感触、引っかかるような感触を避けることができます。

葉野菜の茎に限らず、シャキシャキした歯ごたえのある食材（例えば、軽く炒めた玉ねぎやアスパラガスなど）が飲み込みにくい子どもの場合も、細かく刻んでみてください。

事例 2 固いにんじんを食べない

Ｂちゃんは、煮物に入っているにんじんを、固いと言って食べません。しかし、野菜炒めの中に入っている薄く切られたにんじんは食べるので、にんじん自体を食べられないわけではありません。

対応 軟らかく調理する

野菜炒めに入っているにんじんは薄くて火が通っていて軟らかいので、口の中に入れても痛いと感じません。しかし、煮物に入っているにんじんは、子どもにとっては大きすぎて固いと感じてしまうので、かもうとすると口の中に当たって痛みを感じるのです。

このような場合には、さらに軟らかく煮て、口の中に入れたときに痛みを感じないようにしてください。しかし、給食で一斉に調理するために個別に調理することができない場合には、細かく切って、子どもが口の中に入れても痛いと感じないようにします。

反対に、火を通しすぎると食べられない場合があります。火を通しすぎた肉を、固い、あるいは口の中に入れると痛いと子どもが言った場合には、調理時間を短くして焼きすぎないようにしたり、細かく切ったりしてください。

事例3 パサパサした食感の物が飲み込めない

Cくんは水分が少なく、パサパサとした食感の物は、飲み込めないために、ずっと口の中に含んでいます。そのあとも、飲み込めなかった物をお皿に戻してしまうことがよくあります。

対応 調理のときに汁気を多くする

焼き魚や卵の黄身など、水分が少なく、パサパサした食感の物を飲み込むことが難しく、食べることを嫌がる子どもがいます。これは、かむ力が弱く、唾液が十分に分泌されないことが関係しています。

この場合には、調理の段階から汁気を多くして、水分といっしょにその食材を食べられるようにします。例えば、焼くだけでなく、とろみのあるたれをかける方法があります。ハンバーグの場合には小麦粉や卵などのつなぎの量を増やすと、パサつきが少なくなり、食べられることがあります。

また、このような子どもは、クッキーやだんご、焼きいもなどパサパサした食感の食べ物も苦手です。この場合は、一口分の量を少なくするように伝え、お茶や牛乳などの水分といっしょに食べるように促してください。

事例 4 トンカツの衣の音が苦手

Ｄちゃんは、トンカツをかんだ瞬間、嫌な顔をして、トンカツを口から出し、耳を押さえてしまいました。そのあとは、トンカツを食べようとしません。

対応 衣をはがして中身だけを食べる

Ｄちゃんの場合は、揚げ物の衣をかんだときに出るサクサクとした音が苦手であったことが関係しています。つまり、聴覚の感覚異常があるために、食べ物から出る音に不快を感じたのです。

この場合には、揚げ物の衣をはがして、中身だけを食べさせてください。また、可能な場合には、素揚げにします。そうすることで、この子どもたちは、苦手な音を聞かずに食べることができます。

また、レタスなどの葉野菜をかむときに出る音を不快に感じる子どもがいます。その場合には、ゆでることによって音が出にくくなります。

事例5 煮物のにおいが苦手

Eちゃんは煮物のにおいが苦手です。煮物が入った食缶を開けた途端に、嫌な顔をして保育室から出て行ってしまいます。

対応 においが室内にこもらない工夫をする

においに敏感な子どもは、苦手なにおいをかぐと、耐えられない苦痛を感じてしまいます。Eちゃんの場合は、煮物のにおいを非常に不快に感じたのです。

まずは、食缶を開ける前に窓やドアを開けて、においが保育室の中にこもらないようにします。しかし、保育室の中に残ったにおいや周囲の子どものお皿に盛り付けられたにおいでも、不快を感じているようであれば、職員室などの別の部屋で食べることを許可してください。

ただし、別の部屋で給食を食べている保育者のお皿にある煮物のにおいを不快に感じることがあります。その場合には、最初は、その保育者と机を離して食べるようにします。徐々に、少しずつ保育者の机に近づくようにして、子どもがにおいに慣れることができるようにしてください。

感覚異常が原因

熱すぎ、冷たすぎに敏感

　発達障害の傾向のある子どものなかには、感覚異常があるために、熱すぎたり冷たすぎたりする食べ物を口に入れると、不快に感じる子どもがいます。例えば、冷えた果物やアイスクリームは、口の中が痛くて、食べられないというケースです。

　この場合に、「果物は冷えた状態のほうがよい」「焼きいもはアツアツの状態で食べたほうがおいしい」などの保育者がもつ価値観を、子どもに押し付けてはいけません。子どもにとっては、その食材を不快な思いをすることなく、口にすることのほうが大切です。

　このような子どもには、子どもが口に入れても不快に感じない温度に調整してから、食べるように促してください。

事例1 冷えたごはんを食べられない

Aちゃんは、幼稚園の給食で出る冷えたごはんを食べることができません。しかし、家庭で出される温かいごはんは、問題なく食べることができます。

対応 温めて食べやすくする

ごはんは冷えると、少し固くなるとともに、米粒がひっつき、固まった状態になります。そのため、冷えたごはんを食べる際に、味や食感が変わり、不快に感じる子どもがいます。このように、食べ物の温度が変わることによって、食べられなくなるケースがあります。

この場合には、ごはんを電子レンジで温めてみてください。温めれば、米粒が軟らかくなり、また、固まった状態が解消されます。これによって、口の中に入れても、不快に感じにくくなります。

事例 2 冷凍みかんを食べられない

Bくんは、冷凍されていないみかんは大好きですが、冷凍されたみかんが出ると、顔をしかめながら口に入れ、長い時間、口の中に入れたあとに飲み込んでいます。

対応 食べられる温度になるまで待つ

冷凍されていなければ食べられるのに、冷凍したら嫌がるというのは、食材その物の問題ではなく、食材の温度が関係しています。つまり、冷凍した物を口に入れると、痛いと感じるのです。

この場合には、冷凍した物を溶かしてから、子どもに与えるようにします。冷凍みかんが給食に出る場合には、給食を食べ始める前にみかんの皮をむいて、１房ずつに分け、広げます。それを日なたに置き、解凍します。こうすることで、この子どもは、みかんを口に入れても、痛みを感じることなく、味わうことができます。

また、ゼリーなどのデザートを冷たく感じて嫌がる場合にも、日なたに置いて食べられる温度になるまで待つことによって、食べやすくなります。

事例3 棒状のアイスクリームを食べられない

Cちゃんに棒状のアイスクリームを渡すと、ずっとなめているだけで、なかなか食べ終わりません。歯でかんで食べるように促したら「痛い、痛い」と言います。

対応 細かく砕いて溶かしてから食べる

アイスクリーム自体は嫌いではないのですが、歯に当たると激痛がする子どもがいます。そのような子どもに、かんで食べるように促しても、苦痛なだけです。「棒状のアイスクリームはガリガリとかんで食べる物だ」という考えを子どもに押し付けてはいけません。

この場合には、アイスクリームを器に入れて、棒を外します。そのあと、アイスクリームを細かく砕くか、溶かしてシャーベット状にし、スプーンで少しずつすくって食べられるようにします。

これによって、アイスクリームが歯に当たらないために、痛みを感じないで味わうことができます。

形や大きさ、色にこだわりがある

食べ物の形や大きさ、色に対するこだわりがあるために、特定の食べ物を食べられなかったり、反対に特定の物ばかりを食べるという子どもがいます。例えば、色にこだわりがあって、黄色い食べ物ばかりを食べるケースや、形が大きすぎると食べないケースです。

このような場合、切り方や盛り付け方を変えることで食べられるようになったり、調理方法を変えることで食べられるようになることがあります。

事例1 大きすぎる食材は口に入らない!?

Aちゃんは細切りにしたにんじんのサラダであれば食べられるのですが、カレーや煮物に入っている乱切りのにんじんは食べようとしません。「同じにんじんだよ」と伝えているのですが…。

対応 食べられる大きさに切る

同じ野菜であっても、大きさによって固さや食感が変わることがあります。大きく切ってあると固いと感じたり、食感を苦手と感じて、食べられなくなってしまうのです。

また、形が大きすぎると食べられないと思ってしまう子どもがいます。一定の大きさ以下でないと口に入れにくく、食べられないのです。また、口に入る大きさに箸で切ったり、かみ切ることが難しかったりします。

この場合には、子どもが食べられる大きさに切るようにしてください。

事例 2 丸い形だと食べられない

Bくんは卵やゆで卵、きのこ、ミニトマト、グリーンピースなど丸い形の食べ物が苦手で、食べられません。

対応 食べられる形にする

食べ物の味やにおいではなく、見た目が苦手で食べられない子どもがいます。

丸い形の食べ物を嫌がる子どももいれば、反対に、おにぎりは丸い形でないと嫌だと感じ、三角形だと食べないという子どもがいます。切り身の魚なら食べられるけれども、頭の付いた魚の形が怖い子ども、小さなむきえびは食べられるけれども、大きなえびでしっぽが付いていると嫌がる子どもなど、実にさまざまです。

どのような見た目の食べ物が苦手なのか、見た目を変えれば食べられるようになるのかなどについて、子どもの様子をよく観察してください。子どもが食べられる形に切り方を変えたり、つぶしたり、すりおろしたりして食材の形を変えてください。

事例３ 白い食べ物しか食べない

Ｃくんは色にこだわりがあるようです。ブロックもミニカーも白い物ばかりを集めています。食事のときにも白い食べ物にこだわり、ほかの色の物は食べようとしません。

対応 こだわりのある色から始めて少しずつ慣れさせる

発達障害の傾向のある子どものなかには、食べ物の色にこだわりがある子どもがいます。どの色にこだわるのかは、子どもによってさまざまです。白にこだわりがあり、ごはんやホワイトシチュー、豆腐など白い食べ物ばかりを食べる子どももいれば、黄色にこだわり、ナゲットやポテト、オレンジジュースばかりを口にしたがる子どももいるといった具合です。

この場合には、まずホワイトシチューに野菜を入れる、ホワイトソースやチーズをかける、マヨネーズを付ける、などのことをして食べ物の見た目を変えることで、食べられるようにします。そのあと、ソースやチーズなどの量を少しずつ減らし、こだわりのある色と異なる色であっても食べられるように慣れさせていきます。

食べ物に
こだわりや不安がある

強い思い込みがある

発達障害の傾向のある子どもは、想像する力が弱いという特徴があります。そのために、自分が想像していた物と出された食事の見た目が違うと、別の食べ物であると認識し、食べようとしないことがあります。

また、キャラクターの形に似せて作った食べ物に対しては、「これは食べる物じゃない」と思い、ポケットにしまって持って帰ろうとしたり、食べずにとっておこうとすることもあります。

まずは、形や色を変えることで食べられるようにします。それと同時に、子どもに調理の過程を見せたり、絵本やお店のメニューを見せたりして、同じ食材にも別の食べ方があることを説明し、イメージの幅を広げていくようにします。

事例1 お気に入りのキャラクターにするとダメ…

Aちゃんのお母さんは、Aちゃんが少しでもお弁当を食べられるようにと力を入れています。おかずをAちゃんが好きなキャラクターの形にして興味を引こうとするのですが、Aちゃんは手を付けず眺めているだけです。

対応 無理強いせず、少量ずつ勧める

最近は、子どもに人気のキャラクターの形をしたポテトや、キャラクターがプリントされたウインナーなど、さまざまな食べ物が販売されています。キャラ弁(動物やキャラクターの形をごはんやおかずで作ったお弁当のこと)として、工夫をこらしたお弁当を作る保護者も多いことでしょう。

保護者は、キャラクターの形にすることによって、関心をもたせようと工夫しているのですが、それに反して子どもは「キャラクターは食べ物ではない」と思っているので、食べようとしないことがあります。子どもにとってキャラクターはあくまでも自分が目で見て楽しむ物であり、食べる物ではないのです。

キャラクターを利用して食べることへの興味をもたせることは諦め、スモールステップで少量ずつ食べるように勧めるなど、別の方法を探すようにしましょう。

事例 2　食べているうちに溶けるのが許せない！

Bくんはソフトクリームが苦手です。最初は喜んで食べるのですが、ソフトクリームが溶けてくると、嫌がって食べなくなってしまいます。

対応　形があまり変わらない状態で出す

食べているうちに食べ物の形が変わることが苦手な子どもがいます。ソフトクリームは溶けると形が変わってしまうので、それが許せないのです。

ほかにも、豆腐の形が崩れて角がなくなってしまうのが嫌だという子どももいます。「この食べ物はこういう形である」と思っていたのに、食べているうちに形が変わり、自分のなかのイメージと違ってしまうことが許容できないのです。

この場合には、まず溶けても形が大きく変わったように見えないカップのアイスクリームを選ぶ、豆腐を崩してから出すなど、形があまり変わらない状態にしてから出すと、安心して食べられます。

また、イラストを用いてソフトクリームが溶けると形が変わることを伝え、見通しをもたせる練習をしていくことも必要です。

事例 3 お弁当＝鮭弁当と思い込んでいる

Cくんは、お弁当とは鮭が入っている物というイメージをもっていて、お弁当のときは鮭弁当でないと嫌がって食べようとしません。

対応 イラストや言葉でイメージを広げる工夫を

ある子どもは「車＝乗用車」と思い込んでいて、トラックが通ったときに「車が通るから気をつけて」と言うと、「あれは車じゃなくてトラックだよ！」と言葉を訂正したがります。「車」という言葉は乗用車、消防車、救急車、トラックなどさまざまな車を含みますが、自分のなかで言葉に独特の意味付けをしていて、それ以外の言葉の解釈ができないのです。

Cくんの場合には、「お弁当」という言葉がいろいろなスタイルのお弁当を指すことを理解しづらいのです。イラストを指して、「これもこれもお弁当だよ」と説明したり、「袋とか箱に入っていて、おでかけしたところで食べるごはんのことをお弁当っていうんだよ」と説明をして、イメージを広げられるようにします。

事例 4 決まったメーカー以外の物は食べない

Ｄちゃんは、牛乳は○○乳業の物しか飲まない、ヨーグルトは△△社の物しか食べないというように、決まったメーカーの物しか食べようとしません。どんなメーカーの物でも食べられるようになってほしいのですが…。

対応 中身を皿に移し替える工夫をしよう

発達障害の子どもは、感覚がとても敏感です。そのため、多くの人は気づかないような、味やにおいの微妙な違いを感じ取り、決まったメーカーの物ばかりを食べたがることがあります。食べ物その物にこだわりがある場合には、無理に他のメーカーの物を食べさせようとしても食べない場合が多いです。食べられる品数が少ないならば、こだわりを許容してもよいでしょう。

ただし、パッケージにこだわっていて、食べ物自体は他のメーカーの物でも食べられる場合や、保護者が「このメーカーしか食べない」と思い込み、そのメーカーの物ばかり出してしまうことによって、こだわりが強くなっているケースもあります。中身を皿に移し替えたり、あえて別のメーカーの食品を出して食べられる品数を増やすように挑戦する機会を作ったりする必要があります。

事例5 決まった組み合わせでないと嫌！

Ｅくんは、ハンバーグにはにんじんとブロッコリーが付いていないと嫌だ、うどんにはかまぼこが付いていないと食べないなど、食べ物の組み合わせにこだわりがあります。

対応 いろいろな組み合わせがあることを伝える

ハンバーグといえば「にんじんとブロッコリーが付いている物である」というように、食べ物の名前から連想するイメージが限定的である場合があります。また、レストランでメニューの写真と付け合わせが違うと自分が頼んだ物ではないと思ってしまうというように、写真のままの盛り付けでないと受け入れられないことがあります。

まずは、お皿にハンバーグだけ、ブロッコリーだけ、にんじんだけ、と単品で盛り付けて食べるようにします。また、時にはハンバーグとじゃがいも、ハンバーグとにんじんなど組み合わせを変えて出すようにして、いろいろな組み合わせがあることを伝えるようにしてください。飲食店のメニューやインターネットのホームページを見せて、いろいろな組み合わせがあることを視覚的に伝えるようにしてもよいでしょう。

食べ物に
こだわりや不安がある

初めての食べ物に不安を感じる

発達障害の傾向のある子どもは、食材がどのような味や食感なのかをイメージすることが苦手です。また、感覚が過敏であるため、食べたら痛く感じた、とても苦かったなど、つらい経験をしていることが多くあります。そのため、初めて目にする物や、初めて口にする物に、まったく興味をもたなかったり、どんな味の物であるかがわからず、不安になることがあります。

今まで食べたことがある似た食べ物を例に出して、初めての食べ物がどんな味なのかを伝えたり、少量から食べてみるように勧めることで、少しずつ不安を取り除きます。

事例1 食べたことのない食材を食べられない

Aくんは食べたことがない食材を食べようとしません。自分が知っている味の物しか手をつけないのです。そのため食べられる食材が一向に増えません。

対応 食べられる食材にたとえる

発達障害の傾向のある子どもは、初めての物が苦手です。そのため今まで口にしたことがない食材に、いっさい手を付けないことがあります。どのような味、どんな食感なのかがわからないために、食べることに強い不安があるのです。

まず、どんな味なのかをイメージさせましょう。今までに食べたことがある似た食べ物を例に出して味を伝えます。例えば、「梨は○○くんが大好きなりんごみたいな味だよ」「フライドポテトはポテトチップスと同じ、じゃがいもだよ」と説明します。果物なのか、野菜なのか、どのような味、どのような歯ざわりなのかがまったくわからない状況から、少しでもイメージできるように説明します。初めての食材に対して味や食感のイメージをもたせることで、子どもが食べてみようと思う意欲につながるのです。

事例 2 卵焼きを食べられない

Bくんは卵焼きを一度も食べたことがありません。卵焼きがどのような味なのかを説明しましたが、興味を示しません。

対応 まずは卵に興味をもたせる

子どもにどのような味かを説明しても、その食材に興味をもたないことがあります。そうなるとなかなか口に運びません。

まずはその食材に興味をもたせるために、見る、においをかぐ、触るといったことから始めてください。最初は子どもの方から触ったりしないので、保育者がにおいをかいでみせ、「いいにおいだよ」とにおいをかぐように勧めます。

また、絵本や写真に卵焼きが出てきたときには、「給食に出た卵焼きだね。おいしそうだね」と、その食材に関心をもたせるようにするのもよいでしょう。そのあと給食のときに、子どもが少しでも興味をもっているようなら、「食べてみる？」と声をかけ、食べるように勧めます。

事例3 ごはんが苦手で食べられない！

Cくんはごはんが苦手で食べられません。「一口だけ食べてごらん」と保育者が一口分のごはんをスプーンにとって食べるように勧めても、食べません。

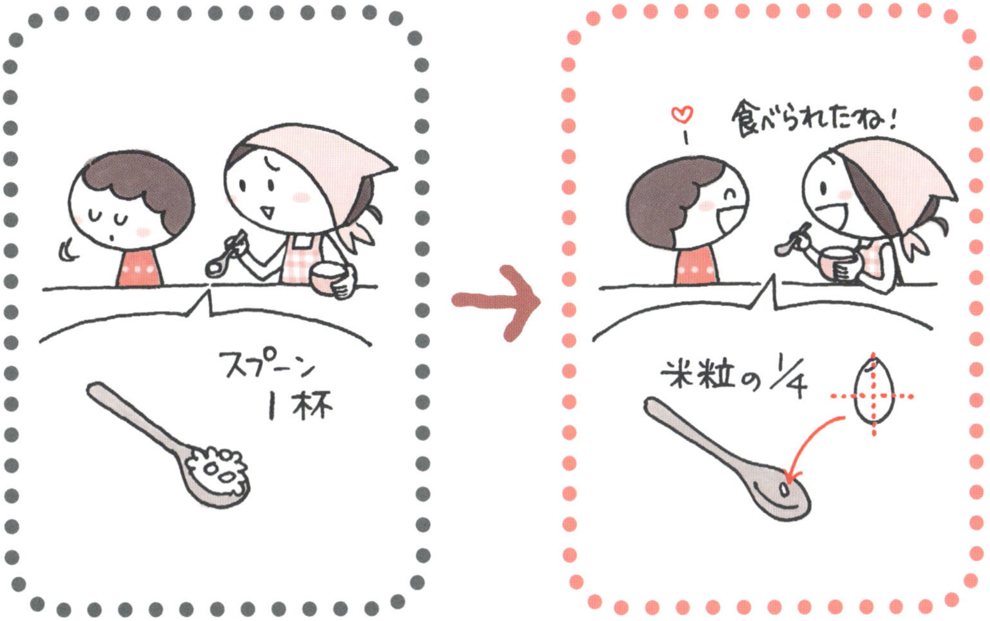

対応 米粒4分の1の大きさから慣れさせよう

苦手でも一口ぐらいなら食べられるだろうと思い、大人は子どもにスプーン１杯のごはんを食べるように勧めることはよくあることです。しかし、その一口が子どもにとってはとても多いのです。

まずはごく少量を食べるように促してください。少量といっても、スプーン１杯や一口大という量ではありません。大人が思う以上に、少ない量です。ある子どもは米粒を４分の１の大きさにして、初めて口にすることができました。りんごを食べることができなかった子どもは、最初は2mm角に切ったりんごを食べることから始めて、今では問題なく食べられるようになりました。「そんなに少ない量で、そのうち食べられるようになるのかしら」と考える人もいるでしょう。しかし、子どもにとっては、それが今食べることができる量なのです。

食事の環境に起因

食器が気に入らない

食器は、金属、陶器、プラスチック、木などさまざまな素材から作られています。それらの食器は触った感覚が全て異なります。

発達障害の傾向のある子どものなかには、金属のスプーンが唇に当たるだけで不快になったり、食器についているにおいが苦手で食べられないケースがあります。

食器の素材が苦手な場合には、別の素材の食器に変えます。食器にこだわりがあり、その食器以外は使用することができない場合には、保育園や幼稚園でもその食器を使うようにします。

あれじゃないと
イヤッ!
え!?
!

ひゃ!
キィーッ
触れた感じが不快

わっ!
プ〜ン
食器ににおいがついている

事例 1　金属製のスプーンが苦手

　保育園では金属のスプーンやフォークを使っています。保育者が A くんに給食を食べさせようとして、スプーンやフォークを口に入れると、A くんは顔をしかめて嫌がります。

対応　木やプラスチックのスプーンにする

　食器の素材はさまざまであり、その感触を嫌がる子どもがいます。そのなかでも、金属の食器を苦手とする子どもが多くいます。金属のお皿を触るととても冷たく感じる、その素材のスプーンが唇に当たっただけで嫌だと感じるなど、発達障害のある子どものなかには食器の感触を不快に感じるケースがあります。なかには唇にスプーンが触れるのが嫌で、スプーンが唇につかないように、口の中に食べ物を垂らし込むようにして食べる子どももいます。

　この場合には、金属ではない木やプラスチックなど別の素材の食器に変えてみましょう。まず、木やプラスチックのお皿で料理を出して問題がないようであれば、食事の際にその食器を用いるようにします。

事例 2 食器のにおいに敏感で食べられない

Ｂくんはにおいに敏感な子どもです。食べ物自体は食べられるのですが、ある特定の食器を使ったときは、好きな物が盛られていても食べません。

対応 使える食器を探そう

食器についているにおいが苦手なケースがあります。一般的にはわからないほどのわずかなにおいですが、嗅覚が敏感な子どもの場合にはそのにおいを感じ取り、それを不快に思うのです。そのにおいが嫌で、食事自体をとろうとしません。

食器を洗う際の洗剤のにおい、洗ったあとに使用する布巾のにおいが苦手な場合があります。洗剤や布巾を変えて、嫌がらないかを確認します。それでも使うことができないのであれば、別の食器を出してみて、その子どもが使うことができる食器を見つけるようにしましょう。

事例3 決まった食器でないと食事をしない

Cちゃんは、保育園の給食を食べようとしません。保護者に家庭での食事の様子を聞いてみると、決まったお茶碗でないと食事をしないそうです。

対応 家庭から食器を持参してもらおう

家庭では食べられる物を保育園や幼稚園で食べない原因の1つに、家庭で使用している食器にこだわりがあることが挙げられます。色や形、手ざわり、食器についているイラストなど、家庭で使っている食器であれば、安心するのでしょう。

発達障害の傾向のある子どもは、「この食器で食べる」というように自分のなかで決めていることがあります。自分のなかの決まりを守りたいために、それ以外の食器を使うことができず、園での給食を食べないのです。

この場合には、家庭で使用している食器を園に持ってきてもらい、保育園や幼稚園でもその食器を使うようにします。

食事の環境に起因

食事をする場所を不快に感じる

発達障害の傾向のある子どものなかには、感覚が敏感であるために、食事をする場所の音やにおいをひどく不快に感じることがあります。

食事をする環境が苦手な子どもの場合には、できるだけその子どもの苦手な刺激を取り除いてください。例えば、食事のときの音が苦手であれば、音がしない別室で食べるという方法があります。

どうしても苦手な刺激を取り除くことが難しい場合には、少しずつ苦手なことに慣れるようにしていきます。

事例1 給食室から出るにおいが苦手

Aちゃんがいつもいる保育室は、給食室の前にあります。そのため、給食室で調理が始まり、そのにおいが伝わってくるころになると、Aちゃんはぐずったり、保育活動に参加できなくなったりしてしまいます。

対応 においのしない別室で過ごす

給食室で調理が始まると、ごはんが炊けるにおいやおかずを作っているにおいなどが近くの保育室まで伝わってきます。ほかの子どもたちにとっては、特に気にならないにおいも、発達障害の傾向のある子どもにとっては、強烈なにおいとして感じられてしまいます。

このような場合には、調理のにおいが保育室に伝わってこなくなるまで、Aちゃんは調理室から離れた場所にある別室で過ごすようにします。その際にも、できるだけ窓を開け、空気を入れ替えるようにして、においがこもらないようにすると、落ち着いて過ごすことができます。

そもそも、においに敏感な子どもであることがわかっている場合には、クラス替えの際に、その子どもの保育室を給食室から離れた場所になるようにしましょう。

事例 2 騒がしい場所で食べることが苦手

Bくんは、同じ机で食べている子どもたちが話しているなかで給食を食べると、耳をふさいだり、フードをかぶったりします。周囲の子どもの声が大きくなると顔をしかめて、給食を食べなくなってしまいます。

対応 静かな場所で食べるようにする

Bくんの場合には、周囲の子どもの話し声を不快に感じたために、食事をすること自体が嫌になってしまったと思われます。

このように、保育室の中で聞こえる音が不快で食が進まない子どもには、不快な音が聞こえないような位置で食事をするようにしてみてください。例えば、周囲の子どもの話している声が聞こえないように、Bくんだけほかの子どもと離れた場所で食べるというようにです。「Bくんだけ、友達といっしょに食べられないのはかわいそうだ」と考えるのは、誤りです。Bくんにとって、不快な状況のなかで食事をすることの方がつらいのです。

また、比較的おとなしい子どものグループのなかで食べるようにすると、話し声を聞かずにすむので、給食を食べられる子どももいます。

コラム

特定の場所でしか食べない子ども

場所にこだわりをもつ子どもの場合に、「この席じゃないと食べない」などと決めつけて、それ以外の場所では嫌がって、給食に手をつけようとしないことがあります。その子どもにとっては、自分が決めた場所だと安心できるのです。

このような場合には、まずは子どもが決めた場所に座ることを認めてください。その場合に、周囲の子どもの場所も固定したほうがよいです。決まった席でないと安心できない子どもは、常に同じ環境でいることが安心につながるので、周囲の子どもも固定されていると、より落ち着くことができるからです。

クラス替え直後や入園直後など、環境が変わったばかりで子どもが落ち着かないときには、場所を固定したほうがよいのですが、クラスの環境に慣れ、多少の変化があっても混乱なく過ごせる程度に子どもが成長したら、少しずつ席を変えます。

まずは、その子どもの席は前と同じにして、周囲の子どもの何人かを入れ替えます。メンバーが入れ替わっても、安心して給食を食べることができるようになったら、その子どもの席の位置を変えます。この際に、今までの席から隣に移る程度にして、大幅に変わらないようにしてください。周囲の子どもが少し変わる、自分の席が少し移動するということに慣れていくことができれば、徐々に「この席じゃないと食べない」というこだわりが減っていきます。

最初の位置

周囲の子どもの何人かを入れ替える

その子どもの位置を変える

食事の環境に起因

手や口が汚れるのが嫌

手や口の周りが汚れることをひどく嫌がる子どもがいます。感覚が過敏であるために、手や口の周りに食べ物がついている感触が非常に不快であることが原因であるケースと、自分の体が汚れていたりすると、気になってしまって、食べることへの意欲がなくなってしまうケースがあります。

いずれの場合においても、汚れた手や口をすぐに拭けるように布巾を用意し、子どもが不快に感じることを取り除くようにしましょう。「手が汚れていることが嫌だ」という気持ちを受けとめ、食事の途中でも手を洗うことを許容してください。

事例 1　口の周りに食べ物が付くことが不快

Aちゃんは、食事の間、しょっちゅう、自分の服の袖で口の周りを拭いています。特に、汁物や口を大きく開けなくてはならないような食べ物の場合に、口の周りに食べ物のかすが付いたりすると、ひどく嫌がります。

対応　拭いたり洗ったりすることを認めよう

Aちゃんは感覚が敏感なところがあり、口の周りに汁物や固形物が付いている状態をひどく不快に感じたのでしょう。特に、おくらや納豆のようなネバネバしたものが口の周りに残っていると、とてもかゆく感じてしまいます。また、米粒が指先について、乾燥してくると、パリパリした感触となり、ひどく不快に感じます。

このような子どもには、嫌な感触をすぐに取り去れるように、布巾を用意したり、食事の途中でも手を洗いに行くことを認めてください。「汚れたら拭く」あるいは「汚れたら洗う」ことを教えていけば、嫌な感触をもたずに食べることができます。

事例 2　口の周りに食材が触れて汚れることを嫌がる

Bちゃんは、口の周りに食材が触れて汚れることをとても嫌がります。例えば、三角の形をしたおにぎりを食べていくと、唇の端に当たってごはん粒が付いてしまうことから、途中で食べるのをやめてしまいます。

対応　口に入れやすい大きさや形にする

口の周りに食材が付くことを嫌がる子どもは、口を大きく開けないと口の周りに食材が付いてしまう物（例えば、たくさんの具が入ったサンドイッチ）や三角形に切ったすいか、ピザのように、初めは口に入れやすいけれども、食べ進めるうちに口の周りに食べ物がついてしまう物を食べることを嫌がります。

この場合は、口の周りに食材が付かないようにするために、食べ物の形を変えましょう。例えば、おにぎりであれば、三角形ではなく、長細い形にして、口を大きく開けなくても口の周りに食材が付かないようにするのです。また、口に入りきらない大きさの食材については、小さく切り分けたり、中身の具材を減らしたりして、一口で食べられる大きさにします。

コラム

食べこぼしが多い子どもへの対応

　発達障害の傾向のある子どもは、手先が不器用であったり、目で見た物に手を伸ばして動作をする（目と手の協応動作といいます）ことが苦手であったりすることが多いです。そのため、お皿におかずが盛られていることはわかっても、そこまでスプーンを持っていってすくうという動作がスムーズにできなかったり、スプーンですくった物を自分の口までこぼさずに運ぶことがうまくいかなかったりします。特に、箸を使うことがうまくできない場合には、食べ物をつかむことすらなかなかできません。

　このような子どもに「よく見て食べなさい」「こぼさないように食べなさい」と注意をしても、まったく効果はありません。まずは、子どもが使いやすい食器（スプーン、フォーク、箸）を使用するようにしてください。例えば、スプーンやフォークの柄が細いと、子どもにとっては握りにくく、力が入りません。柄が太く、滑りにくい素材でできている物を使うとよいでしょう。

　また、口に運びやすいように、食べ物の形を変えることも必要です。大きい物は小さく切って、子どもがスプーンなどですくいやすいようにします。また、細かすぎる物は大人がスプーンの上に集めるようにすると、自分で口まで持っていきやすくなります。

　このほかに、食べ物を口に運んでいる最中に集中力が途切れてぼーっとしてしまい、こぼしてしまう子どもがいます。このような子どもには、子どもの名前を呼んだあと、今は食事をしているときであることを伝え、意識を食事に戻すようにします。

食事の環境に起因

食事に自分なりのルールがある

食事をするときに、器を同じ位置に置く、必ず同じ順番で食べるなど、その子どもなりのルールがある場合があります。これは、こだわり行動の１つです。いつも同じルールを守ることによって、次に何が起こるのかがわかり、安心できるのです。

子どものこだわりのなかで、許容できる範囲のことならば、そのままにしておきます。しかし、日常生活に影響があったり保育に支障が出たり、ほかの子どもたちが困るような場合には、こだわりを修正していく必要があります。

事例1 食べる順番が決まっている

Aくんは給食を食べるときに、おかず、汁物、ごはんと、いつも決まった順番で食べます。おかずを全て食べ終わらないと、次の食べ物に手を付けません。

対応 完食できれば問題ないので見守ろう

発達障害の傾向のある子どものなかには、こだわりが強い子どもがいます。いつも同じ順番で食べるという自分のルールを守ることで、安心できるのです。

Aくんも、食事の順番にこだわることで先の見通しがつき、安心して食事をすることができるのです。食事の順番にこだわりがあっても、全ての物を食べられれば問題はありません。食べる順番や食器の置き方など保育のなかで許容できる範囲のこだわりであれば、見守っていて構いません。

主菜、副菜、主食、汁物と、少しずつ順番に食べるように勧める保育者もいますが、それを強要せずに、子どもが安心して食べることができるように見守りましょう。

事例 ② 一番に食べ始めないと気がすまない

Bくんのクラスでは、「いただきます」の挨拶をしてから食事を始めることになっています。しかし、Bくんはクラスで一番に食べ始めないと気がすみません。そのため、挨拶を待たずに食べ始めてしまいます。

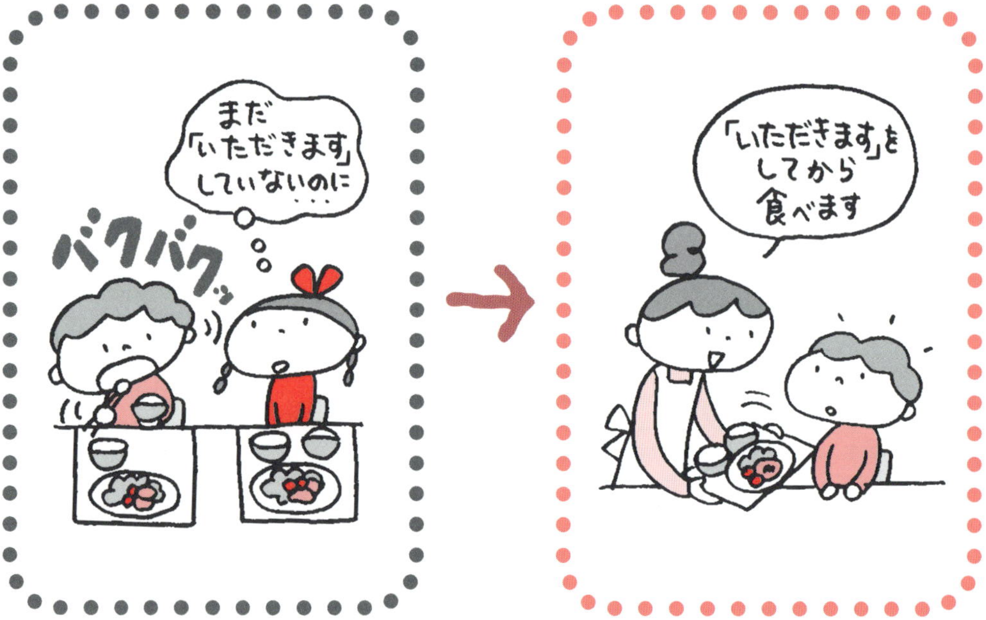

対応 配膳の前に約束し、できたらほめよう

自分が一番に食べ始めたいからといって、挨拶の前に食事を始めてしまうことは、クラスのルールに反しています。このように認められないこだわりの場合には、その行動を変えていく必要があります。

まず配膳をする前に、Bくんに「いただきますをしてから食べます」と約束をします。「いただきます」をするまで食べ始めずに待っていられたら、「Bくん、待っていて偉いね」と伝えます。「いただきます」の前に食べ始めてしまったときには、「今は食べません」「いただきますをしてから食べるんだったよね」と行動を止め、約束を再確認します。5秒でも10秒でも我慢している様子が見られたら、「待っていられて偉いね」と必ずほめてください。

コラム

周囲にルールを押し付ける子どもへの対応

こだわりが強い子どもの場合、周りの子どもや保育者にも、自分の決めたルールを押し付けようとすることがあります。例えば、配膳の順番にこだわりがあり、給食当番や保育者がその子どもの決めた順番で配膳をしないと、初めからやり直しをさせようとするといった具合です。子どもの要求に応えることができない場合には、「それはできないよ」と伝え、子どもの要求に応えないようにします。最初は泣いたりかんしゃくを起こしたりしますが、構わずに「できないものはできない」と伝え続けます。

また、クラスのルールを厳格に守ろうとして、周りの子どもに注意をしすぎることがあります。例えばデザートは食事の最後に食べるというクラスのなかの決まりを守らない子どもがいる場合に、何度もその子どもに「いけないんだよ」と注意をしてしまい、子ども同士でトラブルになってしまうケースです。

クラスの子どもの状況によって、ルールを守れないことがあります。保育者はそのときの状況を察して「きょうはルールどおりにできないけれども、仕方がない」と考えることができますが、発達障害の傾向のある子どもは、周囲の子どもがルールを守らないことを許せないのです。

この場合には、子どもが直接周りの子どもに注意をするのではなく、保育者に不満に思ったことを話すように伝えます。「お友達に注意をするのは先生だけ」というクラスのルールを決めるのです。発達障害の傾向のある子どもが保育者に話をしたときには、子どもの気持ちを受けとめて、話に来たことをほめるようにします。

過去に
嫌な体験をした

嫌な経験のせいで拒否反応が！

発達障害の傾向のある子どもは、一度「嫌だ」と感じると、次からそのことに対して強い拒否反応を見せることがあります。食べ物については、食べるときに嫌だと思うような体験をした、あるいは食べ物自体を「まずい」「気持ち悪い」と感じたことによって、その食べ物をいっさい口にしなくなることがあります。

なかには、以前は食べることのできていた食べ物を、嫌だと感じる体験をしたことで食べられなくなってしまうケースがあります。

体にいいから
お豆腐食べなさい！
嫌だ！
熱い！
まずい～
熱いぞ～
まずいぞ～

事例1 いきなり口に入れられて吐き出した

Aくんは、それまで食べようとしなかった料理を「食べてごらん」と、大人からいきなり口に入れられて、吐き出してしまいました。それ以降、その料理を見ることも嫌がり、一口も食べようとしません。

対応 ほんの少しの量を食べることから始めよう

いろいろな物を食べてほしい、あるいはたくさん食べてほしいという思いから、大人が子どもに食べることを強く促したり、無理やり口に入れたりしてしまうことがあります。それが、子どもには「とても嫌だった体験」として残ってしまうことがあります。

無理やり食べさせることは、発達障害の傾向のある子どもにとって「百害あって一利なし」です。だからといって、子どもが食べようとしない物を食卓に出すことすらやめてしまうというのでは、子どもの食の幅は広がりません。食べることを強要せず、子どもが「食べてみようかな」という気持ちになるように、ごくわずかな量を食べるように勧めてみるところから始めましょう。

事例2　最初はなんとか飲み込んだけれども…

Bちゃんは、「一口食べてみよう」と勧められて、それまで食べたことのなかった食べ物を口の中に入れ、顔をしかめながらも飲み込むことができました。しかし、それ以降は初めて食べる物に対して、声をかけても口を開こうとしません。

対応　無理に強要せず、においをかぐことから始めよう

発達障害の傾向のある子どもは、固めの食材や熱すぎる、あるいは冷たすぎる食べ物を食べたときに「口の中が痛い」と感じたり、特定の食材を「まずい」「気持ち悪い」と感じたりすることがあります。新しい食材を口に入れて、それが苦手な味や食感であった場合には、そのことが子どもにとって「嫌な体験」となってしまいます。

子どもにとって初めての食べ物を勧めるときには、まずは子どもににおいをかがせる、触らせるといったところから始めるとよいです。子どもが少しでもにおいをかいだり、口に入れたりしたら、たくさんほめてください。新しい物に挑戦したら「ほめてもらえる」と子どもが感じられたら、新しい物を食べることに対する恐怖が減り、嫌な体験にはならなくなります。

コラム

嫌な体験は長い間子どものなかに残る

子どもの好き嫌いをなくすために「一口だけでも食べなさい」と強く勧めたり、子どもの口に食べ物を運んだりして、子どもに食べられる物を増やしていくことは、これまでの偏食指導ではよく行われてきたことです。しかし、発達障害の傾向のある子どもには、このような指導は適していません。苦手な物を食べるように強要された、あるいは口に入れた食材がまずかったという体験が、その食べ物を目にするたびに鮮明に思い出され、食べられなくなってしまうためです。

ある学校で、自閉症と診断を受けているＡくんが、給食のときに食べる気分になれなくて食事に手を付けずにいたところ、先生から「いつも食べているじゃない。一口だけでも食べなさい」と白飯を口に入れられ、吐き出してしまいました。このとき以来、Ａくんはそれまで食べることのできていた白飯を、数年にわたって食べることができなくなってしまったのです。

嫌な体験をすると、初めての物だけでなく、それまで食べていた物も食べられなくなることがあります。また、嫌な体験は長期にわたって子どもの記憶に残ってしまいます。その間には周りの大人がいろいろな工夫をして食べさせようとしても、効果が上がらないことがほとんどです。だからこそ、子どもが食について嫌な体験をしないように心がけなくてはなりません。

新しい食材や料理を出す際には、似た食材を例に出して食べ物の味や食感をイメージできる手がかりを与える、その食べ物を見る、においをかぐ、触るといったところから始める、ほんの少しの量を食べることを勧めるなどの方法を試して、子どもの「食べてみようかな」という気持ちを高めるようにしましょう。

もともと食への意欲がない

食べることに無関心

食べる量が少なく、必要な栄養素をとれているのかが心配な子どもがいます。

このような子どもは、もともと食べることに対する関心が低いことや、かむ力が未発達なために食べることが嫌になっていること、一度に食べられる量が少ないことが考えられます。

一度にたくさんの量を食べるように勧めるのではなく、食べられる分だけを複数回に分けて食事をとるようにしたり、好きなキャラクターの食器を使ったり、食事のあとに楽しい出来事が待っているようにしたりすることで、食事をすること自体を嫌だと感じにくくなります。

事例 1 量が多すぎて食べるのに飽きてしまう

Ａちゃんは、まったく食べないわけではないのですが、なかなか食が進みません。そのうちに食べるのに飽きてしまい、いつも残してしまいます。

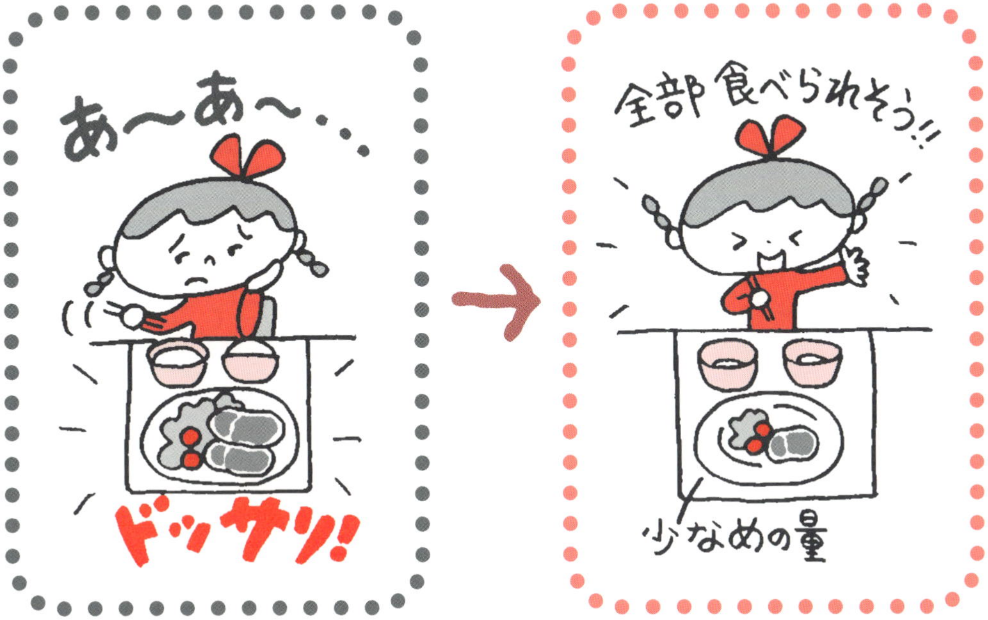

対応 食べきれる量を配膳する

ごはんを食べられないわけではないけれども、なかなか食が進まないというケースがあります。また、胃が小さく、一度にたくさんの量を食べられないことが１つの原因です。このような場合は、その子どもが残さず食べられる量を与え、様子を見ながら少しずつ増やしていくとよいでしょう。また、全部食べられたらほめるなど、完食できたことに対する自信をつけることが大切です。

かむ力が未熟なために食べるのに時間がかかり、食べることに飽きてしまうことがあります。このような場合は、子どもの口の大きさに合わせて小さく切ったり、軟らかく調理したりするなど、子どもが食べやすい状態にしてみてください。

事例 2　食事に集中できず遊び始めてしまう

Ｂくんは、食べ物に対する関心が低く、食事やおやつが用意されていても、なかなかテーブルに着こうとしません。ようやくテーブルに着いたと思っても、集中できず、すぐにおもちゃで遊び始めてしまいます。

対応　見通しをもたせる

食べ物に対する関心が低いために、食事への意欲がわかない子どもがいます。

この場合には、食事が終わったら好きな活動ができることを伝えて、見通しをもてるようにしましょう。「食事が終わったら、ブロック（子どもの好きな遊び）をします」と伝えて、食事を食べるように励まします。がんばって食事を食べると楽しみが待っているというようにして、楽しいこととセットにするのです。

励ましに応じて食事をとることができたら、たくさんほめて好きな遊びができるようにします。食べたことをほめられると、子どもは自信がつき、次もがんばって食べようという行動につながりやすくなります。

コラム

偏食が続くと栄養面が心配

好きな物しか食べない場合や食べられる物が限られている場合に、必要な栄養素がとれているのかを心配する保護者や保育者は多いです。子どもが成長するためには、タンパク質やビタミン、ミネラルなど、たくさんの種類の栄養素が必要です。しかし、必要な栄養素をとるためには、必ずしも好き嫌いをせずに何でも食べなければいけないというわけではありません。

食べ物には大きく分けて、ごはんやパンなど糖質を多く含むグループ、肉や魚、卵、大豆製品といったタンパク質を多く含むグループ、野菜や果物などビタミンやミネラル、食物繊維を多く含むグループがあります。嫌いな食べ物がある場合は、代わりにその食べ物と同じグループのなかから食べられる物を選ぶとよいでしょう。

例えば、子どもが嫌いな食べ物の代表といえばピーマンですが、ブロッコリーや小松菜などのほかの野菜にもピーマンと同じビタミンや食物繊維などの栄養素が含まれています。また、食べられる野菜がない場合には、生の果物からもビタミンや食物繊維などの栄養素をとることができます。１日に食べる果物の量の目安としては、中くらいのりんご１個程度です（ジュースや缶詰は除きます）。

食べられる物が少なくても、３つのグループを意識しながら食べられる物を食べさせましょう。また、同じグループの食べ物でもそれぞれ含まれている栄養素は少しずつ違いますから、意識的に食べられる食材を増やすように心がけることが大切です。

食べる**機会**がなかった

どうせ食べないのだから…

子どもの偏食が長く続くと、「この子は〇〇しか食べない」「どうせ食べないのだから出しても仕方ない」「無理して食べさせなくてもよいだろう」と考え、子どもの食べられる物だけを出す家庭があります。

しかし、苦手な物であっても、調子のいいときに挑戦したり、少しずつ食べる量を増やしたりすることによって、だんだんと食べられるようになるものです。

さまざまな食べ物を見たり、口にしたりするチャンスがまったくない状態を続けると、子どもの偏食はいつまでも続いていきます。

事例 1 偏食の子ども専用の食事を用意している親

Ａくんのお母さんは、朝食や夕食の際、偏食のＡくんのために家族とは別のメニューを毎日作っています。また幼稚園では、給食ではなく、Ａくんが食べられる物だけを詰めた専用のお弁当を用意し、それを園に持たせています。

対応 食べる機会をなくさないで

苦手な食べ物であっても、機嫌がよいときやふとしたきっかけで、ほんの少しだけ食べられる場合があります。しかし、「どうせ作っても食べないから」と考えたり、「嫌いな物を見せて、パニックが起きたら困る」などと思って、常に子どもが食べられるものだけの食事を用意し、それだけを食べる状況が続くと、かえって偏食を克服するチャンスを奪ってしまいます。

特に、今までにまったく見たことのない食べ物を、偏食の子どもが急に食べられるようになることは考えられません。しかし今は食べられない物であっても、家族や周囲の子どもと同じ食事を配膳し、さまざまな食べ物を見たり、においをかいだり、触ってみたりするなど、苦手な食べ物に子どもが興味をもつ機会を与え続けることは、非常に意味があることです。

事例 2 偏食を問題視していない保護者…

偏食が激しいＢくんの食事指導について、母親に相談しました。すると、「私も偏食が激しく、この子も好きな物は食べられるから、特に気にしないでください」と返答されてしまいました。

対応 心身の発達に必要なことを説明していこう

大人でも偏食の人は多く存在します。特に保護者自身が偏食である場合、「自分もそれで問題ないのだから、子どもも無理して偏食を直す必要はない」と考えていることがあります。しかし、子どもの体はさまざまな食材を食べることで作られていきます。保護者に偏食を直すよう強要する必要はありませんが、子どもにとって偏食が長く続くことは心身の発達にとってよくないことなので、少しずつ直していくように協力を求めましょう。

その際に、食べ物に関わるさまざまな活動を周囲の子どもといっしょに楽しめないこと、苦手な食材に触れる機会がないと偏食は改善しないことを、保護者に説明していきましょう。

コラム

食べることで広がる世界

「食べる」という行為は、私たちにとって単に「栄養を摂取する」というものではありません。日々の生活のなかには「食べる」ことが「楽しむ」ことにつながっている出来事が多くあります。旅行、外食、観光などでは、「食べる」ことが大きな楽しみになっています。

また、幼稚園や保育園、学校の行事のなかでも、さまざまな食べ物が出されます。歓迎会、忘年会、ランチミーティングなど、食事をしながら周囲の人々と親睦を深める機会が多くあります。

偏食の子どもをもつ保護者や自身に偏食がある保護者のなかには、「食事で苦手な物が出たらどうしよう」と不安に感じて、外食や旅行を楽しむことができなかった経験がある人がいます。「食べる」ことがさまざまな意味や役割を果たしている私たちの暮らしのなかで、子どもから大人になる過程で、だんだんと偏食が改善していくことは、その人自身にとって、苦痛な場面が減り、暮らしやすくなったり、人と関わるうえで楽しみが増えることにつながっていきます。

偏食を単に栄養面の問題ととらえるのではなく、食べられる物が増えることで生活のさまざまな面で世界が広がる、という考えをもって食事を楽しめるよう、偏食への対応を行っていきましょう。

筋力が弱い

食事に必要な筋力がついていない

　発達障害の傾向のある子どもが食べることが難しい原因の１つに、筋力が弱いことが挙げられます。

　食事をするためには、食べ物をかんだり箸を動かしたり、姿勢を保ったりするための全身のさまざまな筋力が必要です。しかし食事をするのに必要な筋力が身につくまでには時間がかかります。それまでは、子どもが使いやすい食器を使ったり、かみ切れる軟らかさや大きさになるよう調理したりすることによって対応します。

事例 食事中に姿勢が崩れてしまう

Aちゃんは食事中の姿勢が悪く、姿勢を正すように注意してもすぐに姿勢が崩れてしまいます。また、食べ物をかみ切ることも苦手で、なかなか食事が進みません。

対応 足置きやクッションを使って座りやすくする

筋力が弱いためにかむことが難しかったり、食事中に姿勢を保てなかったりすることがあります。この筋力というものは、トレーニングをすれば鍛えられるというものではありません。成長に伴って筋力が鍛えられるのを待ちます。

このようなケースの場合には、子どもの苦手なことを補うように対処することが必要です。例えば、箸をうまく使えないのであれば、スプーンやフォークを使うようにします。姿勢を保てないのであれば、足置きやクッションを置いていすにしっかりと座れるように調整したり、座面に滑り止めを敷いて腰かけやすいようにします。

かむ力が弱い子どもは、固い肉や野菜をかみ切れないことがあります。その場合は、食材を軟らかく調理したり、食べやすい大きさに切るようにします。

エピソード

食べるようになったきっかけ

強い偏食があって、幼少期には食べられる物が限られていた子どもでも、ふとしたきっかけで食べるようになったり、食の幅が広がったりすることがあります。きっかけは、周りの環境に慣れて情緒的に安定したこと、本人が成長するなかで食べ物への興味が広がったことなど、さまざまです。そんなきっかけをいくつか紹介します。

事例 1 園に慣れると食べられた

Ａくんは幼稚園に入園したばかりのころ、保育室で給食を食べない日が続きました。そこで保育者は、Ａくんが教室の雰囲気に慣れるまで、職員室で給食を食べてよいことにしました。２学期ごろから、Ａくんは自分の保育室で給食を食べることができるようになりました。

幼稚園に入園したばかりの時期は、初めてづくしの毎日なので、子どもはとても緊張して過ごします。新しい環境に慣れて生活のリズムを作るのは、発達障害の傾向のある子どもにとっては、大変なことです。そのため、幼稚園の生活や給食に慣れないうちは、保育室でほかの子どもたちと食事をとることができない子どもがいます。

園の生活に慣れるまでは、別室で食事をとらせる、補食の持ち込みを許可するなど、子どもが昼食の時間を安心して過ごせるように配慮することが必要です。

このような配慮によって、園に慣れたころに自分の保育室で友達といっしょに給食を食べることができるようになりました。

事例2 キャンプで食べられた

Bちゃんは、焼きそばなどのようにいろいろな食材が混ざっている食べ物は、家ではいっさい食べようとしません。しかし、キャンプに参加したときに出された焼きそばは、ほかの子どもたちといっしょに一皿を完食しました。

お祭りやキャンプなどの行事では、野外やホールなどの場所で食事をとることがあります。このような空間では、保育室の中のようなざわざわした音がしなかったり、においが混ざったりこもったりしにくくなります。子どもにとって苦手な刺激が少なくなるため、いつもよりも食事をとりやすくなる場合があります。その場では「食べられたね」と子どもをほめます。

このときの「食べられた」という経験が自信となって、食の幅が広がる子どもがいる一方で、家庭や園では相変わらず偏食が続く子どももいます。一度行事のときに食べられたからといって、そのあとも家庭や園で食べるように強要することはしないでください。

事例3

自分で作ったら食べられた

料理に興味をもち始めたCちゃんを見て、お母さんはハンバーグを作る過程を見せながら、たねをこねたり焼いたりする作業をいっしょに行いました。これまでCちゃんは、ハンバーグを嫌がって食べませんでした。しかしこの日は、自分の作ったハンバーグをおいしそうに食べました。

料理に含まれている食材が何であるのか、どのように作られているかがイメージできず、どのような味の食べ物なのかが予測がつかないことが、偏食の理由となっていることがあります。

この場合、子どもに料理を作る過程を見せたり、子どもといっしょに料理をしたりすることが有効です。

また、園で自分たちで調理をするという体験をしたことで、そのときの料理を残さずに食べたケースがあります。これは、料理を作る過程を見て、何が入っているのかがわかり、安心できたことが影響していると考えられます。

事例4 興味をもったらチャンスを逃さないで

Dくんは、小学校高学年になって、食べられなかった食材のにおいをかいだり触ってみたりするようになりました。お母さんが「食べてみる？」と声をかけると一口食べたので、お母さんは「よく食べたね」とほめました。それ以降は、嫌がっていた食べ物にも少しずつ興味を示して、口に入れるようになりました。

子どもは、成長に伴っていろいろなことができるようになり、興味の範囲が広がっていきます。そのなかで、苦手だと思っていた食材や料理に興味をもち、好奇心から口にしてみたところ、「食べられた」「思ったよりも苦手ではなかった」と感じて、食べられるようになることがあります。この場合に、まずは少しでも食べ物に興味をもったこと、口にしてみたことをほめてください。

次に、食卓には子どもの食べない物も出すようにして、子どもが食べ物に興味をもつきっかけを作ります。子どもがその食材や料理に目を向けたりにおいをかいだり、触ったりしたときには、興味をもったことをほめ、「食べてみる？」と声をかけてみましょう。ただし、ここで無理強いをすることは逆効果です。子どもが自分から「食べる」と言ったり、食べ物に手を伸ばしたりするまでは、強く勧めないでください。

事例5

「食べてみたい」と思うとき

Eちゃんは、学校の工作でおでんを作ったことが楽しかったようで、家で「おでんを食べる」と言い出しました。おでんを口にしたEちゃんは、煮てある食材を食べられたことに自信をもったらしく、最近では苦手だったほかの煮物料理にも興味をもち始めています。

工作で食べ物を作った、本やテレビでおいしそうに食べている場面を見た、好きな歌や物語のなかに苦手な食材や料理が出てきたといったことをきっかけにして、子どもがその食材や料理を「食べてみたい」と感じることがあります。

友達がおいしそうに食べたり飲んだりしている様子を見て、その食べ物に興味をもち、「自分も食べてみたい。飲んでみたい」と挑戦する気持ちが出てくることもあります。食べ物に興味をもつことが、実際に口にしてみることにつながるのです。

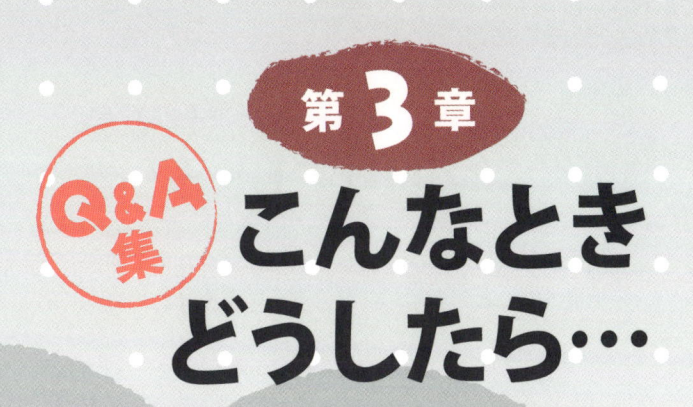

第3章

Q&A集 こんなとき どうしたら…

細かく切って混ぜても より分けてしまう

苦手な食材を細かく切って料理に混ぜたのですが、苦手な食材だけをより分けてしまい、食べようとしません。どのように工夫すれば食べられるでしょうか？

すりつぶすなどの工夫をしてみよう

苦手な食材を子どもが食べるには、調理方法と盛り付け方を工夫することが大切です。そのためには、食べられない食材と食べられない理由の２点を把握しておく必要があります。

苦手な食材の形が見えてしまうと食べられない子どもには、細かく切る以外に、すりつぶす、ミキサーにかけて形を見えなくするといった工夫をしてみてください。「見た目」にこだわりがあって、苦手な食材が見えなければ食べられる子どもには、この方法は有効です。

しかし、食材の味やにおい自体を苦手としている場合には、無理に食べさせようとしないでください。無理に食べさせることによって、すりつぶされていたり、ミキサーにかけられたりしている物は、嫌いな食材が入っていると子どもが思ってしまい、これまで食べられていた物まで食べなくなってしまう可能性があります。また、食感が苦手な場合には、軟らかくしたり、歯ごたえを残したりして、食感を変えることが有効です。

Q みんなと同じ皿に盛り付けると食べすぎてしまう

食事を大皿に盛り付けて出したら、子どもが１人で全て食べてしまい、食べすぎて気持ちが悪くなってしまいました。食べすぎないためにはどうすればよいでしょうか？

A １人分ずつ盛り付けるようにする

発達障害の傾向のある子どものなかには、満腹になったことが自分ではわからない子どもがいます。

かごに盛り付けたみかんを勧められて、みかんを全部食べてしまい、腹痛を起こしてしまった子どももいます。また、棒アイスを箱ごと渡され、すべて食べなくてはならないと思って、寒い思いをしながら何本も食べ続けた子どももいます。どれだけ食べれば食事を終わりにすればよいのかがわからないために、出された分を最後まで食べてしまうのです。

この場合には、小皿に１人分の量を盛り付けて出す必要があります。そうすることで、子どもが出された分を全部食べても、食べすぎて体調を崩すことはありません。

また、自分の食べる範囲がわからないと、隣の子どものお皿に手を伸ばして、隣の子どもの分まで食べてしまうことがあります。机の上にお盆やランチョンマットを置いて、「この上に載っているのが○○ちゃんの食べる分です」と伝えておくと、自分の食べる量がわかります。

Q わずかな味の違いで食べなくなる

同じ料理を作って出しているのに、食べられるときと食べられないときがあります。どうしてでしょうか。また、どうしたら食べられるようになりますか。

A 調味料や食材の量を一定にする努力を

同じ料理でも、調味料や食材の量が多少異なったり、食材の火の通り具合が違ったりすることがあります。一般的にはその違いに気づくことは少なく、同じような味であると感じて食べることができます。しかし味覚がとても敏感な子どもは、いつもの味とのわずかな違いを感じ取り、同じように作った物でも食べないことがあります。

このような場合には、料理を作る際に、調味料や食材の量を正確に計量する、また使う調味料も同じメーカーの物を使うなどして、いつも同じ味になるようにします。さらに、その料理を作るときの調理方法 (鍋でゆでるのか、電子レンジで加熱するのかなど) をいつも同じにする、食材の調理順序を同じにする、食材の切り方や厚さをそろえる、ゆで時間を変えないようにするなど、常に一定になるように工夫をして、日によって違う味や食感になるのを避けるようにします。そうすることで子どもは同じ食べ物として認識でき、安心して食べることができます。

ごはんに苦手な食材を混ぜたら ごはんまで食べなくなってしまった

子どもが苦手な食べ物を小さく刻み、ごはんに混ぜて食べさせたところ、子どもは苦手な物が入っていることに気づき、ごはんごと吐き出してしまいました。その後、それまで食べられていたごはんまで食べられなくなってしまいました。

子どもにわからないように混ぜることは厳禁

できるだけいろいろな食材を食べられるようになってほしいという気持ちから、苦手な物を食べられる物に混ぜる保育者は多いことでしょう。しかし、発達障害の傾向のある子どものなかには、味やにおい、食感、色などの違いを感じ取り、吐き出したり、手を付けなかったりすることがあります。それだけでなく、次も「何かが入っているかもしれない」と不安になり、これまで食べられた物まで食べなくなってしまうことがあります。

苦手な物が混ざっていることに気づかず食べたとしても、苦手な物を克服できたわけではありません。食べようと努力している意識がないからです。そのため、また苦手な物にチャレンジしようという意欲につながりません。苦手な物を食べられるようになるには、ほんの少し食べただけでも、食べたことを必ずほめ、「自分は○○をがんばって食べた」という意識をもつことが必要です。また、食べられる食材の数が少ない子どもにとって、食べられていた物まで食べられなくなってしまうと、栄養面での問題が生じてきます。

いずれにしても、こっそり混ぜることはしないでください。

三角のおにぎりを食べられない

同じおにぎりなのに、三角形の物は食べようとせず、俵型のものであれば食べられる子どもがいます。同じおにぎりだよと言って説明しているのですが、うまくいきません。

調理の過程を見せて安心させる

発達障害の傾向のある子どもは、物事をイメージする力が弱く、少しでも見た目が異なると別の物であると認識してしまうことがあります。食べ物についても同じで、見た目が変わるとまったく別の食べ物であると思ってしまい、食べようとしないことがあります。

例えば、おにぎりの形が変わってしまうと食べられない、いちょう切りのにんじんならば食べられるけれども、星形に型抜きしたにんじんは食べられないというケースがあります。おにぎりを握るときに形を変えたんだよ、にんじんを切るときに型抜きしたんだよ、と言葉で伝えればイメージできる子どももいますが、発達障害の傾向のある子どもは、どのように調理をしたかを言葉で聞いても、それが同じ食べ物であることをイメージしづらいのです。

この場合には、調理の過程を子どもに見せて、安心できるようにします。おにぎりなら、子どもの目の前で三角と俵型の物を握って見せるのです。実際に作る様子を見て同じ物であるとわかると、安心して食べることができるようになります。

食パン以外のパンをパンと認識できない

保育者が「きょうの給食はパンです」と子どもたちに伝えた途端、「それはパンじゃない！」と怒り出してしまいました。どうしてなのでしょうか。

1つの言葉＝1つの意味ではないと伝える

発達障害の傾向のある子どものなかには、１つの言葉に１つの意味だけを結びつけている子どもがいます。例えば、靴というとスニーカーのことだけを指すと思っているといった状態です。足を入れて履くものはサンダルも長靴もスニーカーも靴と呼ぶということを、理解しにくいのです。

食べ物についてもこれと同じように、パンといえば食パンだけを指すと思っていて、保育者がそれ以外の物をパンと言うと受け入れられないのです。

遊びのなかで食べ物が出てくる絵本を見せて、「食パンも、蒸しパンも、メロンパンも、みんな同じ『パン』って呼ぶんだよ」「いろんな形のパンがあるね」と子どもに伝えます。食事のときだけでなく、普段の生活のなかで１つの言葉にさまざまな意味があることを子どもに伝えていくようにします。

麺類を１本ずつ食べようとする

給食で麺類が出ると、いつも麺を１本ずつ食べている子どもがいます。保育者がまとめてフォークにとり、「いっしょに食べてごらん」と勧めるのですが、しばらくするとまた１本ずつ食べています。どうしてでしょうか？

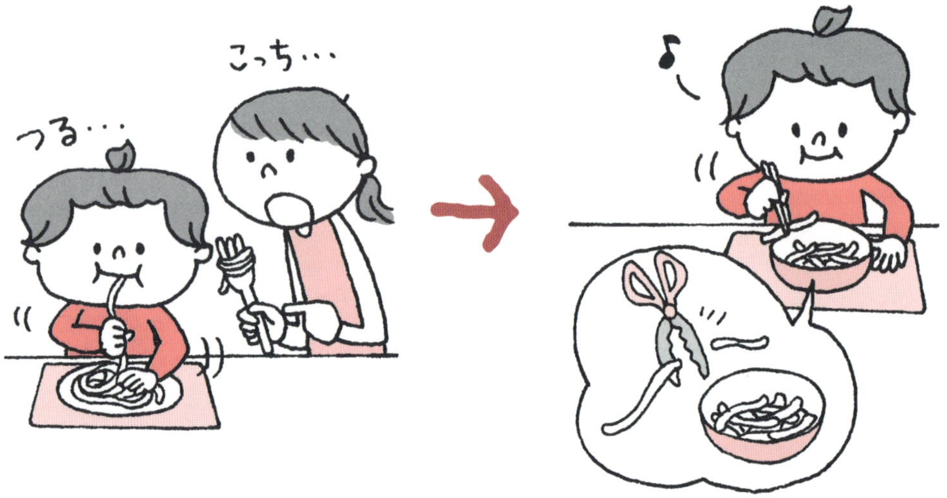

食べやすい長さに切るとよい

ラーメン、うどんなどの麺類やもやし、水菜などの細い野菜、細切りの大根、にんじんなどのような細長いものを１本ずつ口に入れる子どもがいます。

これには２つの理由が考えられます。１つは麺を適当な長さで切って食べることが難しいケースです。麺が長すぎる場合、途中でかみ切ったり、フォークで一口分の量に巻き取ったりして食べますが、手先が不器用であったり、口の中で麺をかみ切ることが苦手な子どもの場合は、それができず、１本ずつ食べることになってしまうのです。

もう１つの理由として、複数本まとめて食べると、食べ物やスープが口に入りきらず、口の周りについて不快に感じるということがあります。器用な子どもなら、箸や口元、舌をうまく使って、食べ物が付かないように口の中に入れることができますが、口の周りの筋力が弱かったり手先が不器用な子どもの場合はそれができません。

麺を５cm くらいの食べやすい長さに切る、一口で食べられる量だけを小皿に取るというようにすると、箸でつかみやすく、一口で食べられます。

コラム

偏食の子どもも今では…

　子どもの偏食について悩んでいる保護者は多いと思います。その保護者にどのように接していけばよいかと思っている保育者も多いのではないでしょうか。お子さんが偏食であったお母さんにお話をうかがいました。

　私の子どもは丸い形のものが食べられませんでした。具体的には、グリーンピース、えのきの先の丸い部分、ゆで卵などが苦手でした。また、生野菜の触感が嫌いで、小学４年生くらいまでは激しい偏食が続きました。また、一度に口の中に多くの食材が入ることも嫌がりました。

　これらは発達障害の特性の「感覚の過敏さ」からくるものであると学んだので、本人に無理強いをすることなく、「食べることは楽しい！」ということを大事にして、調理方法を工夫しながら根気よく食べられる物を増やしていきました。

　成人になった今では、納豆とあんこ以外は食べることができます。偏食の理由や背景を知ること、本人のペースを尊重することが、とても大事な視点だと思います。

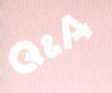

Q 給食は食べられるが 持参したお弁当は食べられない

園で出している給食は食べられるのですが、家庭から持ってきたお弁当が食べられない子どもがいます。どうしたらお弁当を食べられるようになるのでしょうか。

A 小分けして混ざらない工夫をしよう

発達障害の傾向のある子どものなかには、感覚異常があるため、さまざまな味や食感が混ざることを嫌うケースがあります。お弁当にはごはんやおかずが隙間なく入っています。そのため、さまざまな食材のにおい、味が混ざり合いやすい状況です。においが混ざったり、味がしみていたりと、においや味が混ざっていることが原因で、食べることができなくなることがあります。

味やにおいが混ざらないようにするために、ごはんとおかず、おかず同士を分ける必要があります。例えば、小さい容器に１つのおかず、またはごはんしか入れないようにします。それが難しい場合には、３段のお弁当箱の１段目にごはん、２段目におかず、３段目にはサラダというように、１つずつの食材に分けて入れるようにします。

違う種類のおかずを１つの容器に入れる場合には、仕切りを使用しましょう。ばらんのように隙間があるものではなく、カップのような形状で、できるだけ味が移らないような仕切りを使用するとよいでしょう。

Q 家庭では食べるが お弁当は冷たいと言って食べない

家庭では食べているものであっても、お弁当になるとごはんやおかずを「冷たい」と言って食べようとしない子どもがいます。どのように工夫したら食べられるでしょうか。

A 電子レンジで温めて出せば大丈夫

お弁当のごはんやおかずが冷たいことが原因で食べられない子どもがいます。これはわがままを言っているのではなく、口の中の感覚が過敏なため、家庭でいつも食べているごはんやおかずの味と、お弁当に入っている物の味の違いを感じ、別の食べ物だと思ってしまうのです。一般的には冷たくても、食べられないと感じることは少ないですが、発達障害の傾向のある子どもたちのなかには、食べられないほど味が違うと感じてしまうケースがあります。

この場合には、お弁当をできるだけ子どもが好む温度にしましょう。冷たいと食べられないケースだけでなく、熱すぎても食べないこともあるので、どのくらいの温度なら食べられるのかを保護者に尋ねて情報収集をします。

その情報をもとに、お弁当を電子レンジで温めて出すようにします。温める物と温めない物は別の容器に入れてもらうように、保護者に依頼します。

保温機能が付いたお弁当箱があるので、それを使用してもよいでしょう。

お弁当は食べられても家では食べられない

お弁当に入れれば食べることができるのに、家では同じ物でも食べられないと保護者から聞きました。家でも食べるようになるためには、どうしたらよいですか。

家庭でもお弁当と同じ味付けや盛り付けに

お弁当に入れるおかずは、いつも家庭で出しているおかずであっても、お弁当箱の形に合わせて形を変えたり、味を濃くしたり、汁気をとばしたりと、お弁当用にいつもとは違う調理をしていると思います。

発達障害の傾向のある子どもは、盛り付け方やおかずの大きさ、おかずの味などを気に入って、家庭では食べない物もお弁当であると食べることがあります。

家庭の食事でも、お弁当と同じ味付けや盛り付け方にしてみるように、保護者に伝えてください。家庭で食事をするときにも、お弁当と同じ大きさ、形にするのです。

また、お皿に盛り付ける配置も、トマトは右上、ブロッコリーは左下などお弁当の配置と同じようにすることを意識しましょう。お弁当のときと同じ味や盛り付けにすることで、子どもは抵抗が少なく口にすることができるでしょう。

お弁当のおかずがいつも同じになっている

クラスに、お弁当の中身がいつも同じである子どもがいます。いろいろな食材を食べて栄養をとってほしいので、保護者に中身を変えてもらうように伝えたほうがいいと思うのですが、伝えてもよいのでしょうか。

まずは見守るようにする

極度の偏食がある発達障害の傾向のある子どもの場合、食べられる物が限られています。お弁当の中身がいつも同じになってしまうのは「これなら食べられるから、お弁当を楽しんでもらえる」という保護者の思いがあるのでしょう。しかし保育者からすると、ずっとこれでよいのかと不安になります。

この場合には、保育園、幼稚園で子どもがお弁当を食べられていればよし、と思うようにしましょう。子どもが食べられる中身のお弁当に行き着くまでに、保護者はさまざまな紆余曲折を経ています。保護者の多くは少しでもバランスのよい食事を食べさせようと子どもに与えているのですが、なかなかうまくいきません。やっと「これなら食べてもらえる」と見つけ出したお弁当の中身なのです。

また、心のなかでは「中身を変えてもっといろんな食材を入れないと」と焦っているかもしれません。保育者から保護者にお弁当の中身について助言することは、保護者の負担になることがあります。そうならないよう、まずは見守るようにしましょう。

給食をまったく食べようとしない

入園してから、保育園の給食をまったく食べません。いつになったら給食を食べるようになるのでしょうか。

食べなくても配膳して給食に慣れさせる

新しい環境になじむのに時間がかかる子どもは、しばらく給食を食べないことがあります。家庭の食事環境と異なることが原因です。

子どもがまったく給食を食べないからといって、食べられる物だけを配膳したり、何も配膳しなかったりするのはよくありません。周りの子どもが食べている様子を見れば、食べ物が目の前になくてもいつかは食べるようになるだろうと思いがちですが、給食を食べる機会がないと、いつまでたっても食べられるようにはなりません。園の給食を食べられるようになる第一歩は、子どもが給食を食べなくても配膳をすることです。

配膳をしたら、最初は食器に触れることから始めます。少しでも食器に触ったら「お皿を持って食べようとしたね。偉いね」とほめてください。次に、食べ物に触れたらほめる、スプーンを持ったらほめるようにします。うれしいので、ほめられる行動をとるようになります。スモールステップで、ほめながら慣れていくようにします。

Q おなかがすくとイライラしてトラブルを起こす

保育園の給食をまったく食べない子どもがいます。午後はおなかがすいてイライラしているようです。そのため、活動に集中できない様子が見られます。どのように対応すればよいのでしょうか。

A 食べられる物を持参してもらおう

給食を食べていないと、おなかがすいてきます。おなかがすいてくると、イライラして友達とトラブルを起こしたり、活動に集中できなくなったりします。

そのような場合には、保育園の給食を食べることにこだわるのではなく、家庭から子どもが食べられる物を持参してもらい、給食の時間にいっしょに食べるようにします。例えば、白飯だけは食べる子どもなら、混ぜごはんや麺類の献立のときには白飯を持参してもらいます。主食はパンしか食べられない子どもは、食パンを持参してもらうようにします。

アレルギーのある子どもへの配慮から、保育室内に家庭からの食べ物の持ち込みを禁止している園もあるでしょう。その場合には、給食の時間は保育室でみんなと同じように席について、食べられる物だけを食べるようにします。クラスの友達と給食の時間を過ごすことが大事です。給食の時間が終わったら、職員室などの別の部屋で持参した物を食べるようにします。

好きな物ばかりたくさん食べようとする

苦手な物には見向きもせず、好きな物だけをおかわりしてたくさん食べる子どもがいます。どうしたらよいでしょうか。

事前におかわりのルールを伝える

まず食事の前に、おかわりのルールを決めて子どもに伝えます。この事例の場合であれば、「お盆の上の物を全部食べたら、おかわりができます」と食事の前に子どもに伝えておきます。

いつものルールとは異なることで子どもが戸惑うことを避けるため、１度決めたルールは変えないようにしてください。食事の前に毎回子どもにルールを伝え、ルールが定着するようにします。ここで大事なのは、ルールを守ることができた場合に必ずほめるということです。そうすることでルールを守ればおかわりができることが、子どもに伝わります。

また、自分の分を全部食べ終えておかわりをほしがっているときには、必ずほめて、「全部食べたね。おかわりできます」と子どもに伝えます。逆に、自分の分を食べ終えていないのにおかわりを欲しがるときには、子どもといっしょに「まだお皿におかずが残っているね」と全部食べていないことを確認して、「自分の分を全部食べたら、おかわりができます」と再度ルールを伝えてください。

Q おかわりをやめさせようとするとパニックを起こす

好きな物が決まっていて、そればかり何度もおかわりします。おかわりをやめさせようとするとパニックを起こすので困っています。どうしたらよいのでしょう。

A おかわりの回数を決めておく

このような場合には、おかわりの回数をルールとして決めておきます。

例えば、おかわりできる回数を2回と決めたなら、指で2を出して「おかわりは2回までです」と伝えます。おかわりをしたら指を1本減らし「おかわりはあと1回です」と声をかけます。次のおかわりが終わったら「これでおしまいです」と声をかけます。この際、おかわりの回数がはっきりわかるようにすることが大事です。子どもがおかわりの回数がわかっていれば、おかわりができないと伝えたときに、パニックになることを防ぐことができます。

おかわりできるおかずの量が少なくなって、「2回までと言ったけれども、もうおかずがなくなってしまったから、おかわりはなしね」というように、最初に伝えたルールが変わってしまうと、「ルールを守ったのにどうしておかわりができないの？」と混乱してしまいます。2回おかわりができるように、1回のおかわりのおかずをよそう量を調整して、必ず最初に決めた回数おかわりができるようにします。

Q 水分補給用のお茶を飲むことができない

園で出している水分補給用のお茶を飲むことができません。夏場は、脱水症状を起こしてしまうのではないかと心配です。どのように対応すればよいのでしょうか。

A 自宅から水筒を持参してもらおう

　食べ物と同じように、飲み物にもこだわりがある子どもがいます。園で出しているお茶を飲むことができない場合には、自宅から水筒を持参してもらいましょう。

　園のお茶は飲めないけれども、家庭のお茶であれば飲める、水ならば飲めるなど、限定された飲み物ならば飲むことができる場合があります。まずは、子どもが飲める飲み物を水筒に入れて持参してもらいましょう。オレンジジュースやスポーツドリンクなど、家庭から持ってきた飲み物の見た目が明らかにお茶と異なる場合には、ほかの子どもに見えないところで与えるようにします。

　園のお茶を飲ませなくてはならないと考える保育者もいることでしょう。しかし、必ずしも園のお茶を飲めなければならないわけではありません。今後飲めるようにならなくては困る物であれば、練習する必要がありますが、園のお茶が飲めなくても、将来困ることはありません。どうしても飲めないのであれば、無理をして飲めるように練習しなくても構いません。

Q 園で使っているコップを嫌がって水分をとらない

園で使っているコップを嫌がり、水分をとろうとしません。どのように対応すればよいのでしょうか？

A 家庭で使っているコップを持参してもらう

園の食器やコップを使うことを嫌がる子どもがいます。これには3つの原因が考えられます。

まず1つは慣れない食器やコップを使うことに、不安になっている場合です。この場合には、家庭に園のコップを貸し出します。家庭で園のコップを使うことで、そのコップに慣れることができます。家庭で園のコップを使えるようになれば、徐々に園のなかでも、用意されているコップでお茶を飲めるようになります。

2番目は園の食器やコップに触れたときの感触を嫌がる場合です。そのような場合には、子どもが普段家庭で使っているコップを持参してもらいます。不快を感じないコップであれば、安心して使うことができます。

3番目はコップ自体にこだわりのあるケースです。ほかの子どもといっしょのコップを使いたくない、このコップしか使いたくないという思いから、決まったコップを使いたがる子どもがいます。その場合には、その子どもの専用のコップを決めておき、常にそのコップを使うようにします。

行事の際の食事を食べることができない

いつもは食べられるおかずなのに、行事になると食べられなくなることがあります。なぜでしょうか。

これから何をするかを予告しておく

発達障害の傾向のある子どもは、いつもと違うことがとても苦手です。行事のときは、保育室とは別の場所に行ったり、ほかのクラスの子どもがたくさんいたりと、いつもと違うことがいっぱいです。このような状況になると、これから何が起こるのかがわからず、不安になってしまいます。不安がつのって食事を食べられなくなるのです。

不安をできるだけ少なくするために、これから何が起こるのかを予告して、見通しをもたせてください。例えば月に１度の誕生会で、園の子ども全員がホールに集まって誕生会をしたあと、そのままホールで給食を食べるのであれば、前日や会が始まる前に、誕生会があること、ホールに行くこと、ホールで給食を食べることを伝えます。事前に情報を得ることで、何が起こるのかがわかり、安心できます。

また、行事のときには子どもや大人がたくさんいて、ざわざわした雰囲気だったり、いろいろな音が聞こえたりすることがあります。このような場合には、周囲の子どもたちから離れた場所や別の保育室など、静かで落ち着ける場所で食べることを認めてください。

コラム

子どもが好きな食べ物、嫌いな食べ物

発達障害の傾向のある子どもを担当する保育者に、子どもが好む食べ物と嫌いな食べ物を尋ねた研究があります。

好きな食べ物として多く挙がったのは、白米でした。しかし、白米だけならば食べられても、ふりかけなどほかの味が混ざると食べられない子どもが多くいました。また、からあげも食べられる子どもが多いメニューとして挙げられています。

一方、嫌いな食べ物の代表は、野菜を使った料理です。感覚異常がある子どもは、食材をかむときに聞こえる音や鮮やかな野菜の色を人一倍大きく（強く）感じてしまうことがあります。そのため、歯ごたえのある野菜や濃い色の野菜を食べることに抵抗があるのです。特にほうれん草、レタス、きゅうりなど、葉物の生野菜を苦手とする子どもが多くいます。また、野菜を使った料理では、煮物やいんげんのごまあえ、きゅうりとわかめの酢の物といったメニューを口にすることができる子どもが、非常に少ないことがわかっています。

さらに、発達障害の傾向のある子どものなかには、煮魚や鶏の照り焼き、焼き魚などの魚や肉を使った料理が食べられない子どもが多くいます。パサパサした食感が苦手だったり、しょうがやしょうゆなど肉や魚以外の味を辛く感じすぎることが原因です。

そのほかにも、触感が過敏な子どもは、舌にざらざらとした食感が残るコロッケの衣などが食べられない場合があります。

Q 不器用さがあり 手づかみで食べようとする

食事をいつも手づかみで食べようとする子どもがいます。もう５歳になるので、箸を使って食べるように促しているのですが、保育者が目を離すと、またすぐに手づかみに戻ってしまいます。

A 食べやすくなる工夫をしよう

食べたい気持ちはあるけれども、スプーンや箸をうまく使えないと手づかみで食べてしまいます。「〇歳だから箸を使おう」と言うのではなく、発達段階に合った食器を使う必要があります。

箸やスプーンを持てても、うまく使えるわけではありません。柄の細いスプーンよりも太いほうが持ちやすいので、家庭から持ってきてもらうなど、持ちやすい食器の選択も重要です。

手づかみで食べる子どもの場合には、まずスプーンやフォークを使って確実に自分で食べることができるようになることが目標です。それができたら、箸に移行していくようにします。

また、この段階の子どもは、食べ物を食べやすい大きさにしてから口に運ぶということが難しいです。大きすぎて口に入らないと、両手を使ってしまうことがあります。また、ごはんなどをどの程度とればよいのかがわからず、両手を使ってしまうことがあります。固い物や大きすぎる物は、一口大になるよう保育者が切ってスプーンに載せ、子ども自身で口に運べる状態にしておくとよいでしょう。

Q 苦手な物を落としたりこぼしたりしてしまう

苦手な物や残したい物を床に落としたり、机にこぼしたりします。この行動をやめさせたいのですが、どのように伝えていけばよいのでしょうか。

A 残したい物を入れるお皿を決める

食事のときに、苦手な物を床に落としたり、お皿からこぼしてしまったりする子どもがいます。床に落とすことで、「嫌い」「食べたくない」という意思表示をしているのです。しかし、この伝え方は間違った方法です。

この場合には、子どもに苦手な物の残し方を教えます。

まず、残したい物を入れるお皿を決めて、残したい物があればそこに入れるというルールを作ります。食事が始まる前に、残したい物を保育者が子どもに確認し、残したい物を入れるお皿に入れます。

例えば、からあげが３つあった場合、「きょうは２つ食べよう」と決めたら、１つのからあげを「残すお皿」に載せます。食べ始める前に、今から食べる物、残す物を分けておくのです。

Q 左手を使わずに食べている

利き手である右手だけを使って、ごはんを食べている子どもがいます。姿勢も悪く、利き手と反対の左手を体の横にだらーんとのばしたままで食べています。

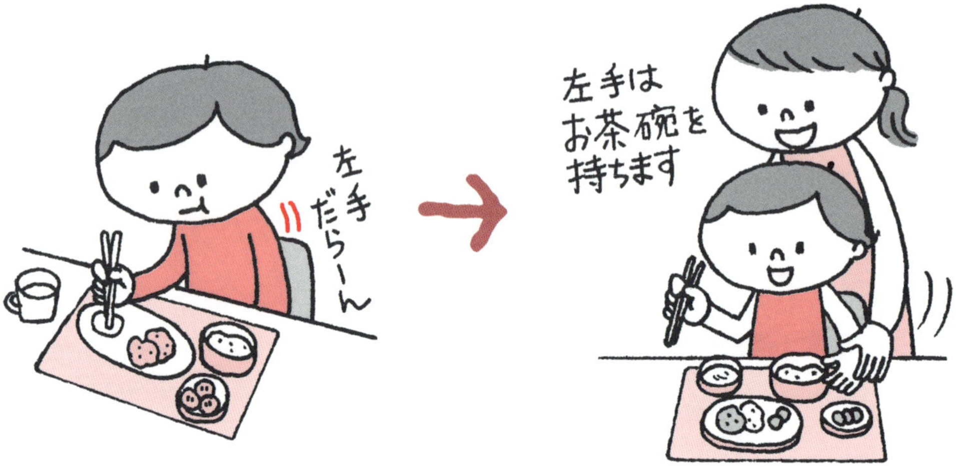

A 左手の置き場所を伝える

右利きの場合、右手は箸を持って食べ物を口に入れればよいとわかるけれども、空いている左手をどうしたらよいのかがわからない子どもがいます。左手をどう使えばよいのか、どこに置けばよいのかがわからないのです。

この場合には、「左手でお茶碗を持つんだよ」「左手はテーブルの上に置くよ」と声をかけ、保育者が見本を見せて教えます。見本を見せるときには、子どもが保育者の手を見てまねをすることができるように、保育者は子どもの後ろに回り、子どもと同じ側から茶碗を持った手を見せます。

右手に箸やスプーンを持っていても、左手で食べ物をつかもうとする子どもがいます。この場合には、保育者が左手を止めて「左手はお茶碗を持ちます」と声をかけながら茶碗を持たせたり、「左手はここに置くよ」と手を置く場所を指さし、子どもの手をとってテーブルの上に置いたりします。子どもが左手で茶碗を持つことができたら、「偉いね」「かっこよく食べられてすてきだよ」とほめることを繰り返し、両手を使って食べられるようにしていきます。

Q 口の中いっぱいに食べ物を入れかまずに丸飲みしてしまう

口の中いっぱいに食べ物を入れたり、食べ物をかまずに丸飲みしたりしています。喉に詰まってしまわないかが心配です。

A 一口大に切って口に入る分量を知らせる

一般的に、物を食べるときには、一口分を歯でかみ切る→食べ物が飲み込める大きさになるまでかむ→かむことで消化液の分泌が促されて唾液と食べ物が混ざり飲み込みやすくなる→それを飲み込むという流れになっています。

しかし、その動きが苦手な子どもがいます。口の中に食べ物をどの程度入れればかみやすいのか、飲み込める大きさがどのくらいなのか、何回かめば飲み込める大きさになるのかなど、一般的には自然と身に着き意識せずに行っている動作が、わからないのです。

この場合には、おかずを一口大に切っておき、「一口分はこのくらいだよ」と見せます。子どもが箸を使えるようになったら、おかずを一口大に切ってみるように促し、それを口に入れるように伝えます。このように自分でどのくらいの大きさに切るのか、持った感じはどうかなどを体験できるようにしましょう。

また、飲み込めるまでにかんで食べるには、どの程度かめばよいのかを示すために、「10回かんで飲み込みます」と回数を伝えるとよいでしょう。

おなかがいっぱいになっても食べ続けてしまう

表情を見ると無理やり食べているように見えるときがあり、「おなかがいっぱいならば残していいよ」と言っても、目の前に出されたものを全て食べてしまいます。

1食分ずつ取り分けてから配膳する

食べる量を調整することが難しい子どもがいます。食事の「終わり」がわからず、おなかがいっぱいであっても、目の前にある食事を全て食べてしまいます。食べ終えたあとに、おなかが痛くなったり、嘔吐したりしてしまうこともあります。

この場合には、食べられる量を目の前に用意し、どれだけ食べれば食事が終わりになるのかがわかるように示す必要があります。からあげは２つ、卵焼きは２つ、八宝菜はこのくらいと、子どもが食べられるだろうと思われる個数、量を最初に取り分けておきます。

そのうえで、ランチョンマットの上に取り分けた食事を並べます。「これが○○くんのごはんだよ。ランチョンマットに載っている物を全部食べたらおしまいだよ」と、視覚的にわかりやすく示すようにしましょう。子どもが何を食べるのか、自分の分はどれかを視覚的にわかりやすくするために、ランチョンマットはイラストや模様が入っているものは使用せず、シンプルな物を使用しましょう。

Q 食事中に食べることに飽きて ぼーっとしてしまう

食事の途中で食べることに飽きてしまって、ぼーっとしてしまい、いつまでも食べ終わらない子どもがいます。どのように声をかければよいのかと悩んでいます。

ぼ――…
長い針が
赤いシールの
ところまで来たら
給食はおしまいです

A 給食が終わる時間を示す

給食の時間がいつまで続くのかの見通しをもてないために、集中力が途切れてぼーっとしてしまう子どもがいます。この場合には、給食が終わる時間を示して見通しをもたせましょう。

時計を読むことができる子どもの場合には、「長い針が6のところに来たら、ごちそうさまをします」というように、声をかけます。時計が読めない子どもの場合には、時計の数字の部分に色のついたシールを貼っておき、「長い針が、赤いシールのところに来たら、ごちそうさまをします」というように伝えます。食事中にも、「もうすぐ針が6になるよ」というような声をかけるとよいでしょう。

また、給食が終わったら子どもの好きな活動ができるというルールを決めておき、「給食が終わったら絵本を読みます」と子どもに伝えます。給食のあとに楽しい活動があることを示すことで、子どもがそれを目標に「がんばろう」と思えるようにします。

Q 食べ終わると立ち歩いて出て行ってしまう

自分の分を食べ終えると、立ち歩き、保育室から出て行ってしまう子どもがいます。どのように対応したらよいのでしょうか。

A 食後に落ち着いて過ごせる場所を作ろう

給食の時間に、ほかの子どもといっしょに「ごちそうさま」の挨拶をするまで、いすに座っていられない子どもがいます。自分の給食を食べ終えると、ふらふらと立ち歩いたり、廊下に出て行ってしまったりします。

立ち歩く原因として、何もせずに時間を過ごすことが苦手であるということがあります。何をしてよいのかがわからないと、立ち歩いてしまうのです。給食を食べ終わったら、そのまま自分の席に座っているのではなく、保育室の隅に設けたその子ども用の休憩スペースで、静かに過ごせるようにします。そのスペースには、好きなおもちゃや絵本などを用意します。おもちゃや絵本を読んで過ごすことができるので、何をすればよいのかがわかり、落ち着いて過ごせるようになります。

子どもが落ち着いて保育室にいられるようになったら、次は自分の席に座っている時間を延ばすことが目標になります。わずかな時間であっても自分の席に座っていられたらほめることを繰り返して、自分の席に座る時間を長くしていきます。

Q 食事中に気になることがあると席を立ってしまう

食べている途中でも、気になることがあると、すぐに席を立ってしまいます。どのように注意をするとよいのでしょうか。

A 食事に集中できる環境を整える

発達障害の傾向のある子どものなかには、気になる物があるとそちらに注意が向いてしまい、それを見たいという衝動を抑えられずに、立ち歩いてしまう子どもがいます。給食の準備をしている子どもの動きや友達の話し声が気になり、そこに行きたくなってしまうのです。ほかにも、廊下にいる別のクラスの子どもや窓の外に見える園庭の様子、保育室の中のおもちゃが気になるなど、食事以外のことに注意が向いてしまう場合があります。

そのような子どもに、周囲のことを気にせずに、いすに座って食べることを求めても、なかなか思うようにいきません。

この場合には、食事に集中できる環境を整える必要があります。保育室のおもちゃなど、食事のときに必要のない物は布で覆い隠す、廊下や窓の外の様子が目に入らないように、子どもの座る場所を廊下や窓に背を向ける位置にするといった工夫が必要です。

また、給食を食べるグループを、あまり話をせずに静かに食べるタイプの子どものグループに入れると、周囲の子どものことを気にせずに落ち着いて食べることができます。

Q 給食の途中で立ち歩き気がすんだら席に戻ることを繰り返す

給食の途中で立ち歩きを始め、気がすんだら席に戻って給食を食べ始めます。集中して食べる時間が短く、飽きてしまうと立ち歩くようです。このまま子どもの好きなようにさせていてよいのでしょうか。

A 立ち歩いたら給食は終わりにする

集中力が続かず、食べている途中で立ち歩き始める子どもがいます。保育室の中をふらふらすると、また席に戻って食べ始めます。このような子どもは、食事の途中で立ち歩いても、あとから食事をすることができると思っています。立ち歩いては食事をすることの繰り返しで、ダラダラと食べるようになるのです。

そのような子どもの場合には、ルールを決めます。立ち歩いた時点で、給食は終わりにします。子どもには「歩いたら、給食はおしまいです」と伝えます。保育者が一貫した態度をとることで、立ち歩くことは、少なくなります。

また、子どもが席に座って食事を食べているときには、子どもの集中力が途切れる時間を見計らって、「座って食べてかっこいいね」などとほめるようにします。ほめることで、座っている時間を長くしていきます。

コラム

「あと一口…」守っていますか？

幼稚園や保育園では、保育者が子どもに向かって「あと一口食べたら、おしまいにしようね」と言いながら、苦手な物を食べるように勧める光景がよく見られます。子どもが一口食べることができたら、「がんばって食べられてかっこいいね。かっこいいからもう一口食べてみようか」と、さらに食べるように勧めている保育者がたくさんいます。

子どもは、保育者と「あと一口食べたら、おしまい」という約束をしたので、がんばって苦手な物を食べました。しかし、保育者から約束とは異なる提案があると、子どもは戸惑います。これでごちそうさまができると思っていたのに、苦手な物をもう一口食べなくてはならないとなると、子どもにとっては大事件です。約束をしても、先生は守ってくれないとなると、給食ばかりではなく、日々の生活のなかでも、保育者との約束を守ることが難しくなります。

子どもと約束をしたら、必ず守ることが大原則です。あと一口でおしまいと決めたら、それを必ず守りましょう。

Q 外食ができないので遠出や旅行ができない

偏食のある子どもの保護者から、「偏食で食べられる物が少ないので外食ができず、遠出や旅行ができない」と相談を受けました。よい方法はないでしょうか。

A 外食できるお店を探しておく

外食が苦手な理由の1つに、いろいろな食べ物のにおいが混ざることがあります。においに敏感な子どもの場合、食べ物のにおいが混ざることを不快に感じて、おかず売り場に行きたくないということが起こります。また、ごはんを炊いたにおい、煮物から出るにおいなど、調理中のにおいが混ざるのが嫌だという子どもがいます。

このような場合には、メニューが少なく、においが混ざりにくいお店や、調理の過程であまりにおいが発生しないお店、店舗で調理をすることが少ないファミリーレストランなどを選ぶほうがよいでしょう。席は、厨房から離れている場所を選ぶようにします。

また、発達障害の傾向のある子どもには、想像する力が弱いという特徴があります。メニューの写真と実際の料理の盛り付けが違うことがありますが、見た目が少しでも変わると別の食べ物であると認識して、食べられなくなってしまうのです。この場合には、同じ盛り付けや味を提供しているお店を選んだり、カレーやピザ、スパゲティ、オムライスなど、お店によって盛り付けがあまり変わらないメニューを選ぶようにするとよいでしょう。

Q レストランのざわざわした雰囲気が苦手

偏食の子どもの保護者から、「外食をしようとレストランに行っても、子どもがすぐに帰りたいと言い、食事もそこそこに帰りたがります」と相談がありました。外食をするのに気をつけることはありますか。

A 静かで落ち着けるレストランに行ってみよう

外食が苦手である原因に、外食先の環境が苦手なことが挙げられます。レストランでは人の話し声や物を食べる音、食器のカチャカチャいう音、調理をしている音、レジの音などさまざまな音が聞こえてきます。その音が不快に感じられるのかもしれません。

周囲の音や人の動きが気になる子どもの場合は、人の出入りが多く、ざわざわした雰囲気の場所よりも、隣のテーブルとの仕切りがある席や半個室の席のほうが食事に集中できます。レストラン内の音が気になる場合には、レジや厨房から遠い席を選んだり、混雑する時間帯を避けたりするようにします。席にこだわりがある場合には、その席を予約してから行くことが大切です。

音やにおいなど苦手な環境については、できるだけ取り除くようにすることが前提ですが、いつもと違う環境のもとで食べる経験を重ねることで、外食に慣れていきます。外食ができるようになると、旅行や遠出ができて行動範囲が広がります。さまざまな経験を積む意味で、外食の機会を設けてみるとよいでしょう。

同じチェーン店なのに入るのを嫌がる店舗がある

A くんは家の近所にあるファミリーレストランでは食事ができるのですが、同じチェーンの別の店舗には入るのを嫌がります。入ることができる店舗とできない店舗があるのはどうしてでしょうか？

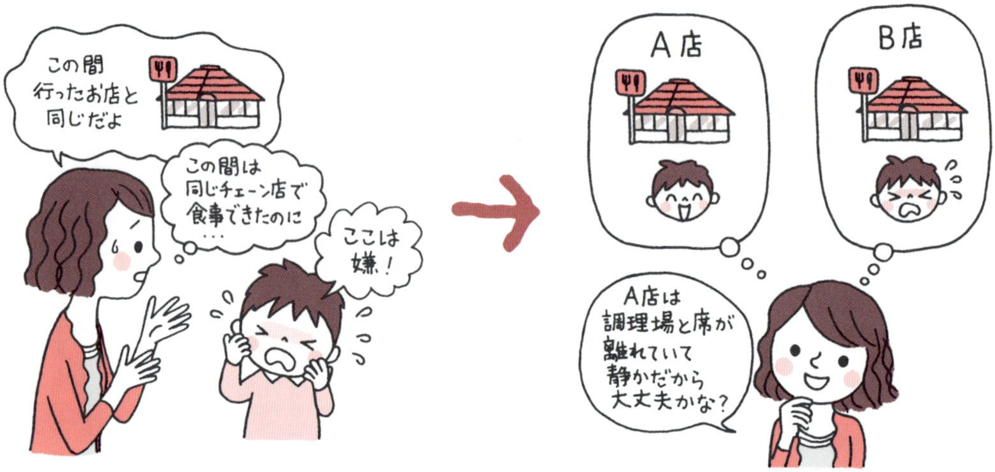

店の特徴を事前に把握しておこう

家の近所にあるファミリーレストランで食事ができるようになったので、外出先でも同じチェーンのファミリーレストランに入って食事をしようとしたら、かんしゃくを起こしてしまって食事ができない、というケースがあります。同じ味で同じ盛り付けの料理を提供しているファミリーレストランであっても、店舗によって店内のレイアウトが異なり、食事をする環境に違いが生じます。においや音に敏感であるというように聴覚や嗅覚の過敏さのある子どもにとっては、食事をする環境のなかに苦手なことがあるために、食事ができなくなっているのです。

例えば同じチェーンのレストランであっても、A 店は調理場と食事をする席が離れているため、においや音が食事をする席に届きにくかったり、聞こえにくくなっていますが、B 店は調理場やレジと食事をする席が近いので、B 店では音やにおいが気になって、食事ができなくなってしまうのです。

この場合には、どの店舗であればにおいがしないか、騒々しくないか、といった店舗の特徴を事前に把握して、子どもの苦手な環境が少ない店舗を選ぶようにするとよいでしょう。

Q 行事でファーストフード店を利用する際、参加を見合わせるべき？

行事の際に、大人数でファーストフード店を利用することがあります。偏食の子どもに個別に対応してもらえないかもしれないので、諦めるしかないのでしょうか？

A 事前に店側に提案してみよう

ハンバーガーをバラバラにして食べたがったり、苦手な物が入っていると食べられなかったりというように、ファーストフード店で食事をするときに、工夫が必要な子どもがいます。子どもの集まる行事などでハンバーガーをクラスの人数分注文してみんなで食べるというような、大人数でファーストフード店を利用する機会には、個別に対応してもらえないかもしれないと思い、保護者が行事への参加をためらってしまう場合があります。

子どもによって必要な配慮が異なるので、それに対応してもらえるかについて、事前にファーストフード店に確認をするとよいでしょう。注文時や事前に苦手な物が入っていると食べられない子どもがいることを店に伝えれば、調理をする過程で可能な範囲で、苦手な具材やソースを取り除いて出してくれます。

具材を別々に分けて出してほしい場合には、紙皿やタッパーなどの容器をこちらで準備できることを、店側に提案するという方法があります。店側が具材を別々に分けて提供できない理由の１つに、別々に具材を提供するための容器がないことがあるからです。

サプリメントは使ってもよいか

偏食がひどいので、栄養がとれていないのではないかと心配です。最近はいろいろなサプリメントが売られていますが、サプリメントで栄養を補ったほうがよいのでしょうか。

食べ物から栄養素をとれる努力を

保護者が栄養面を心配して、たくさんのサプリメントを飲んでいる子どもがいます。しかし、本当にサプリメントを飲む必要があるのでしょうか。

サプリメントのCMやパッケージには、メリットがたくさん書かれていますが、それによって生じる副作用があることを忘れてはなりません。必要な栄養素の摂取量が、必要量を上回ってしまう可能性があります。栄養素のなかには、必要以上に摂取すると、体に悪影響を及ぼす物があります。

また、サプリメント自体が子どもにとって安全な物かどうかは不明確です。現状では、子どもが飲んでも安全であると証明されているサプリメントはほとんどありません。貧血の症状がある、便秘がひどいなどの理由があれば、医師に処方されたビタミン剤を飲む必要があるでしょう。しかし、病気の症状もないのに、むやみにサプリメントを飲ませることはお勧めできません。

さらに、サプリメントを飲んでいるからといって、苦手な物を食べなくてよいわけではありません。それよりも、少しずつでもよいので食べ物から栄養素をとれるように、食べられる物を増やすことを優先してください。

Q 口に入れれば食べる場合に口に入れてしまっていいのか

自分からは食べようとしませんが、苦手な食べ物を保育者が口に入れてあげると、飲み込むことがあります。このまま食べさせていてよいのでしょうか。

A 声をかけてから勧める

「食べてごらん」と苦手な物を保育者や保護者が口に入れてみると、嫌々ながらも飲み込むことがあります。これを食べたと見なして、「1回食べられたのだからもう1回食べてごらん」と言ってさらにまた食べるように勧めることがあります。しかし、子どもが食べたとしても強要することはやめてください。無理に口に入れられた、無理やり食べさせられたという経験が強く残り、そのときは飲み込むことができても、あとになって嫌だったと思い出して食べられなくなることがあります。食事そのものが嫌になってしまうことにつながりかねません。

また、保育者が口に入れたものを何の食べ物かわからないまま飲み込むことを繰り返しても、子ども自身に「このおかずを食べた」という意識はなく、その食べ物を食べられるようになったわけではありません。

子どもの名前を呼び、食事に意識を向かせてから「食べてみる？」と勧め、子どもがその食材を認識したうえで食べる意欲を見せたり食べることに同意したりした場合にだけ食べさせ、食べた場合には必ずほめるようにしてください。

監修者◆徳田克己（とくだ・かつみ）

筑波大学医学医療系教授。子ども支援研究所所長。教育学博士、臨床心理士、専門は子ども支援。全国の幼稚園、保育所などを巡回して、保育者や保護者を対象とした気になる子どもの相談活動を行っている。「具体的な対応がわかる 気になる子の保育」（チャイルド本社）、「育児の教科書クレヨンしんちゃん」（福村出版）、「親を惑わす専門家の言葉」（中央公論新社）など、著書多数。

編著者◆西村実穂（東京未来大学こども心理学部）
◆水野智美（筑波大学医学医療系）

執筆者◆安心院朗子（目白大学保健医療学部）
◆水野裕子（筑波大学大学院）
◆大越和美
◆小野聡子（国際教養大学）
◆小材由美子（埼玉県自閉症協会）
◆木田春代（筑波大学大学院）
◆白石晴香（駒ヶ根市立赤穂小学校）
◆西館有沙（富山大学人間発達科学部）

表紙イラスト◆くすはら順子
本文イラスト◆浅羽壮一郎、北村友紀、工藤亜沙子、中小路ムツヨ、みやれいこ
表紙カバー・本文デザイン◆竹内玲子
本文校正◆有限会社くすのき舎
編集協力◆東條美香
編集担当◆石山哲郎

具体的な対応がわかる
気になる子の偏食
──発達障害児の食事指導の工夫と配慮──

2014年7月　初版第1刷発行
2023年1月　　　第5刷発行

監修者　徳田克己　
発行人　大橋 潤
発行所　株式会社チャイルド本社
〒112 - 8512　東京都文京区小石川5 - 24 - 21
電話　03-3813-2141（営業）　03-3813-9445（編集）
振替　00100-4-38410
印刷・製本所　図書印刷株式会社

ISBN　978 -4-8054 -0227 -6
NDC376　24 × 19cm　128P　Printed in Japan